课程标准编委会

顾　　问：方国恩　李晓捷　陈文华　杜　青
　　　　　王　刚　邱卓英　杜　勇　黄鹤年
领导小组：黄昭鸣　谢敬仁　孙喜斌　杜晓新
专家小组：刘巧云　万　勤　万　萍　卢红云
　　　　　周林灿　张　青　胡金秀　王勇丽
　　　　　高晓慧　刘　杰　李孝洁　张奕雯
　　　　　张梓琴　尹敏敏

本课程标准编委会

顾　　问：黄昭鸣
主要执笔人：李孝洁　尹　岚　林　青
参与执笔人：任登峰　严　舒　段弘艳　刘　敏
　　　　　徐苓芝　张畅芯

医学 · 教育康复行业课程标准与实施指南

儿童情绪行为障碍干预课程标准

华东师范大学中国言语听觉康复科学与 ICF 应用研究院
华东师范大学康复科学系（听力与言语康复学专业、教育康复学专业）
中国教育技术协会教育康复专业委员会
中国残疾人康复协会语言障碍康复专业委员会
中国优生优育协会儿童脑潜能开发专业委员会
组织编写

南京师范大学出版社
NANJING NORMAL UNIVERSITY PRESS

图书在版编目（CIP）数据

儿童情绪行为障碍干预课程标准 / 华东师范大学中国言语听觉康复科学与 ICF 应用研究院等组织编写 . — 南京 : 南京师范大学出版社 , 2020.8
（医学・教育康复行业课程标准与实施指南）
ISBN 978-7-5651-4309-0

Ⅰ . ①儿… Ⅱ . ①华… Ⅲ . ①情绪障碍—儿童—教育康复—课程标准②行为障碍—儿童—教育康复—课程标准 Ⅳ . ① G766

中国版本图书馆 CIP 数据核字 (2019) 第 232046 号

书　　名　儿童情绪行为障碍干预课程标准
丛 书 名　医学・教育康复行业课程标准与实施指南
作　　者　华东师范大学中国言语听觉康复科学与 ICF 应用研究院
　　　　　华东师范大学康复科学系（听力与言语康复学专业、教育康复学专业）
　　　　　中国教育技术协会教育康复专业委员会
　　　　　中国残疾人康复协会语言障碍康复专业委员会
　　　　　中国优生优育协会儿童脑潜能开发专业委员会
责任编辑　徐文娟
出版发行　南京师范大学出版社
地　　址　江苏省南京市玄武区后宰门西村 9 号（邮编：210016）
电　　话　（025）83598919（总编办） 83598412（营销部） 83373872（邮购部）
网　　址　http://press.njnu.edu.cn
电子信箱　nspzbb@njnu.edu.cn
照　　排　南京凯建文化发展有限公司
印　　刷　南京玉河印刷厂
开　　本　880 毫米 × 1230 毫米　1/32
印　　张　2.125
字　　数　59 千
版　　次　2020 年 8 月第 1 版　2020 年 8 月第 1 次印刷
书　　号　ISBN 978-7-5651-4309-0
定　　价　14.00 元

出 版 人　张志刚

序

残疾人事业是中国特色社会主义事业的重要组成部分。关注残疾人的康复与教育问题，改善残疾人的生存生活状况，促进残疾人事业的发展，已成为全面建设小康社会和构建社会主义和谐社会一项重要而紧迫的任务。

我国第二次残疾人口抽样调查的数据表明，全国现有残疾人口 8 296 万，占我国总人口的 6.34%，涉及 2.4 亿人口家庭，有 400 万残疾儿童需要接受医疗、康复和教育。这些年来，我国的医疗卫生、特殊教育、民政、残联等机构和部门的残疾儿童康复与教育工作也取得了显著成效；但我国残疾人事业基础还较薄弱，残疾人社会保障政策措施尚不够完善，残疾人在基本生活、医疗卫生、康复、教育、就业、社会参与等方面还存在许多困难，他们的总体生活状况与社会平均水平之间仍存在较大差距。残疾人仍然是社会中一个特殊的弱势群体，他们多数仍然生活在社会的底层，离平等参与社会生活、共享人类文明成果的目标还甚远。

本世纪初，随着社会康复需求的不断增加，我们立足国际最先进的理念与国内发达地区最早的社会需求，萌生建立中国的教育康复学的念想。客观讲，我国的残疾儿童的医疗康复服务主要由医院、康复机构承担，教育主要由学前教育机构、特殊教育学校提供。近些年来，学界和政府有关部门开始关注这种康复与教育分离的模式能否真正满足残疾儿童的发展与成长需求。随着医教结合、综合康复理念在我国医学康复、教育康复领域渐成共识，医学・教育康复由此应运而生，医学・教育康复行业课程标准与实施指南的制定亦进入专家学者们的研究视野。

医学·教育康复是研究如何为兼具康复与教育双重需求的特殊需要儿童提供系统、科学的技术支持与同步服务的学科。我们组织教育、医疗、康复学界众多专家学者组建课题攻关团队，以若干国家、省（市）部级重大重点课题及前期成果为支撑，经过不懈努力，2013 年经教育部批准，华东师范大学在全国率先成立教育康复学专业。教育康复学专业的诞生，既填补了我国高等院校相关学科的空白，同时又对我国特殊教育、听力和言语康复、康复治疗的科学发展，对方兴未艾的“医教结合”新模式的推广，对复合型特殊教育师资、康复治疗师的培养，对残疾人教育、医疗、康复质量及水平的提高等具有重要意义。

目前不少进入学前教育机构、特殊教育学校的儿童还无法清楚说话、难以执行简单指令，甚至无法安坐，带病上学成为特殊需要儿童的入学常态，教学目标很难实现，需要针对性的康复课程介入。例如,《培智学校义务教育课程标准》明确将康复训练列为其重要内容。当学生粗大动作和精细动作发展存在显著迟缓或功能障碍时，应从物理治疗和作业治疗等相应领域开展康复训练；当学生在言语、语言发展上出现明显迟缓，存在语音、流畅性、语法、语义等方面困难时，应进行言语语言康复训练；当学生出现注意缺陷、多动、行为问题、情绪障碍、人际交往困难时，应开展心理治疗、行为矫正与行为支持、音乐治疗和游戏治疗等康复训练。康复课程不分学段，应根据学生的特殊需求，在世界卫生组织 ICF 框架下采用“评估—训练—评估”的模式进行，最终达到预期的康复效果。

为解决这些问题，受教育部委托，华东师范大学在全国范围遴选特殊教育学校进行“医教结合”实验，以期残疾儿童在学前教育机构、特殊教育学校接受教育的同时，也能获得针对性的医疗和康复服务。我们在全国 18 所医教结合实验校和 21 所医教结合师资培训基地的实践表明：医教结合的康复教育新模式对于残疾儿童的医疗康复效果极佳，家庭经济负担大为减轻，教育质量得到明显提高，这种“医教结合，综合康复”的模式具有强大的生命力。

近几年，在华东师范大学中国言语听觉康复科学与ICF应用研究院、康复科学系（听力与言语康复学专业、教育康复学专业）的努力下，在中国教育技术协会教育康复专业委员会、中国残疾人康复协会语言障碍康复专业委员会、中国优生优育协会儿童脑潜能开发专业委员会的支持下，在全国医教结合师资培训基地的配合下，专家组研制了医学·教育康复行业课程标准，课程标准具体包括：《言语障碍康复课程标准》《儿童语言康复课程标准》《儿童认知障碍康复课程标准》《儿童情绪行为障碍干预课程标准》《儿童运动康复课程标准》《听障儿童听觉言语康复课程标准》《康复仪器设备与教学信息化配备标准》等。

本系列课程标准有助于规范指导康复教师和康复治疗师使用康复设备及专业工具，对障碍者采用定量与定性的综合方法进行评定、制订方案、实施康复训练、跟踪康复效果，同时提供康复咨询与指导。

此外，本系列课程标准还另外配套了与康复关系密切的四门课程的实施指南：《智力障碍儿童生活语文学科实施指南》《智力障碍儿童生活适应学科实施指南》《智力障碍儿童生活数学学科实施指南》《智力障碍儿童心理健康学科实施指南》。

本系列课程标准与实施指南既可作为大学本科、研究生或高职院校康复治疗学、听力与言语康复学、言语听觉康复技术以及教育康复学和特殊教育学专业教学参考使用，也可为医院、康复机构、特殊教育学校及民政福利机构等相关部门开展残疾儿童各板块康复的评估、治疗、监控、教学、管理和研究工作使用。我们期待本系列课程标准与实施指南能为中国康复教育事业的发展做出贡献，同时也期待本套课程标准与实施指南在实践中渐趋完善，成为一套言之有理、操之有物、行之有效的临床或一线教育康复的工作指南。

《医学·教育康复行业课程标准与实施指南》编写委员会

2020年4月

目　录

一、导言

（一）课程定位

情绪是个体对外部和内部事物的主观体验，包含生理成分、表情成分、体验成分和认知成分。行为是个体在外部和内部刺激影响下产生的外显活动与内隐的心理活动，是个体与环境相互作用的结果。情绪和行为是个体适应生存、适应社会生活的重要工具。情绪行为障碍是指个体经常表现出与刺激情境不相符合的情绪与行为反应，令他人难以接受或产生困扰，严重影响个体的学习、社会交往及正常生活。

情绪行为康复课程主要用于矫治智力障碍、自闭症、注意缺陷多动障碍和情绪行为障碍等康复对象身上表现出的情绪行为障碍，用以帮助他们发展恰当的情绪反应能力和行为适应能力。良好的情绪行为能力是康复对象进行其他课程学习、发展生存和社会性技能的基础。

本课程针对康复对象广泛存在的情绪行为障碍，通过精准评估和有计划、有系统的情绪行为训练，塑造和提升康复对象良好的情绪与行为管理能力，为他们今后的学习和生活奠定基础。

本康复课程的使用者为康复治疗师或康复教师。康复治疗师是指使用康复设备及专业工具对情绪行为障碍者采用定量与定性的综合方法进行评定、制订方案、实施康复训练、跟踪康复效果，以及提供康复咨询与指导的专业人员。康复设备是指医疗器械分类目录中定义的情绪行为障碍康复设备。

（二）课程理念

1. 以“医教结合”思想为指导

由于康复对象有着教育与康复的双重需求，康复课程结合现代康复医学、特殊教育学、心理学的新理念与新方法，构建了康复对象“医教结合、多重干预”的综合康复体系。情绪与行为障碍康复是该体系的重要组成部分，它与康复对象社会性能力的发展、学习能力的发展有着密切关联。

2. 以情绪行为相关理论为依据

本康复课程以生理心理学、行为心理学、认知心理学、社会心理学的相关理论为依据，遵循现代康复医学的要求来实施康复对象的康复教育和训练。根据生理心理学的理论，通过物理因素等外部刺激来调节康复对象情绪行为的生理基础；根据行为心理学的理论，通过塑造、观察学习、强化等策略来促进康复对象情绪管理能力和良好行为能力的发展；根据认知心理学的理论，通过帮助康复对象树立正确的认知观念，来矫治不良的情绪行为障碍；根据社会心理学的理论，通过生活与学习等社会环境的调整，来促进康复对象良好情绪和社会交往能力的发展。

3. 以情绪管理和行为适应为核心

本课程以解决康复对象广泛存在的情绪行为障碍现实需要为出发点，强调课程内容的实用性，以培养康复对象良好的情绪管理能力和恰当的适应及发展性行为为核心，注重课程内容与康复对象实际生活和社会交往的紧密结合，实现课程的生活化、社会化、多元化。

4. 以现代康复技术的运用为特色

本课程在促进康复对象情绪行为障碍康复的干预手段上融入了现代康复技术，以提升情绪行为障碍康复的有效性，包括多媒体互动技术、心理放松技术、生物反馈技术、物理生理调节技术（动感视频、可视音乐、脑电诱导等），促进康复对象情绪识别、情绪理解、情绪表达、情绪调节等情绪管理能力和良好行为能力的习得。

5. 以促进康复对象个性化发展为目标

本课程尊重康复对象的个体差异，根据康复对象的身心发展特点和生活学习实际，通过“ATM（评估—治疗—监控）操作模式”，对康复对象采用不同的教学方法，因材施教，满足个别化教育的需求，最大限度地矫治康复对象的缺陷并开发其潜能，促进康复对象的个性发展。

6. 以康复对象阶梯式发展为指引

本课程根据康复对象能力阶梯式发展的规律，注重课程内容的阶梯性，以促进康复对象情绪管理能力和适当行为能力的发展，满足康复对象在不同发展阶段中个人生活、家庭生活、学校生活和社会生活的现实需求为目标来构建课程体系。

（三）设计思路

1. 康复课程整体设计思路

康复对象的情绪行为障碍主要表现在情绪识别、情绪表达、情绪理解、情绪调控以及行为管理五大方面。依据康复对象的情绪行为发展水平，本课程按照初级和高级阶梯式的情绪行为障碍康复训练架构设计。在初级阶段，由于康复对象的情绪行为发展水平较低，课程的康复内容着重于对康复对象的基本情绪的识别、表达、初级调控策略以及在家庭、学校、公共场所需要的适应性行为进行康复训练；在高级阶段，由于康复对象的情绪行为发展水平较高，课程的内容着重于对康复对象进行更高级别的情绪的识别、表达、理解、高级调控策略以及在家庭、学校和公共场所需要的发展性行为进行康复训练。具体架构如图 1–1、图 1–2 所示：

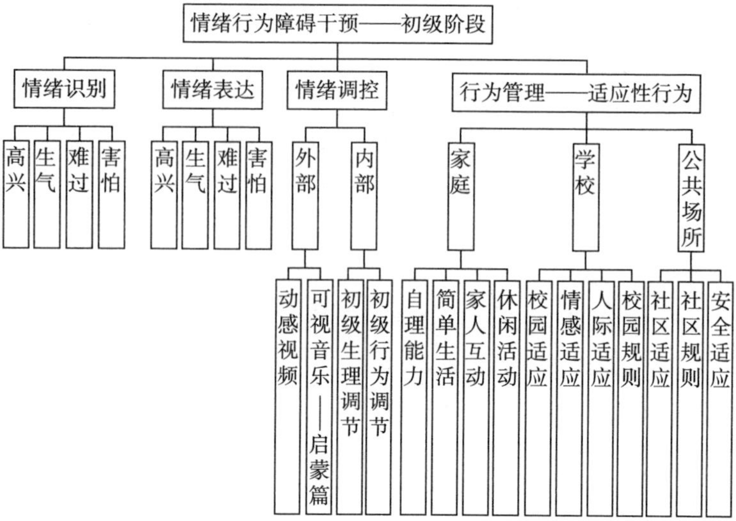

图 1-1　初级阶段情绪行为障碍康复训练架构

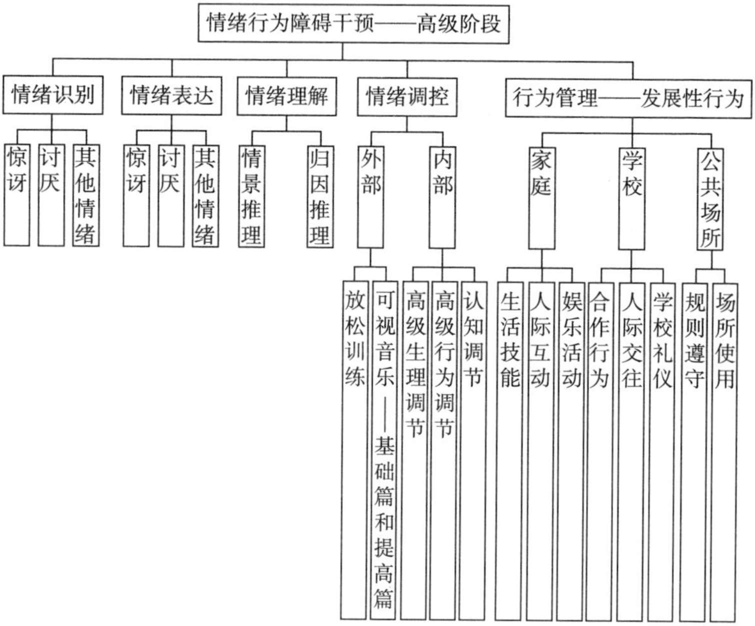

图 1-2　高级阶段情绪行为障碍康复训练架构

2. 康复课程标准设计思路

（1）课程目标分为总目标与阶段目标

课程总目标指康复对象完成本课程之后要达到的情绪行为管理水平，阶段目标分别从初级和高级两个阶段阐述了康复对象需要达到的情绪行为管理水平。

（2）课程内容的设计体现阶段性、可操作性

课程内容依据康复对象情绪行为能力的发展顺序，由简单到复杂、初级到高级的趋势编排，逐步帮助康复对象发展出恰当的情绪反应和行为适应能力，使其可以更好地进行学习、社会交往和正常生活。

情绪行为障碍干预训练阶段的内容分项列出，体现由易到难、低级到高级的阶段性，而且每个目标与内容均给出了清晰、明确的康复建议，比如训练材料、训练方法、注意事项等，具有很强的可操作性。

（3）课程实施突出指导性

课程实施部分从康复对象的年龄特点出发，提出若干训练建议、课程评价的指导性原则和保障课程实施的措施。

二、课程目标

（一）总目标

通过情绪识别、情绪表达、情绪理解、情绪调控、行为管理的训练，增强康复对象的情绪认知和情绪调控能力，帮助他们形成良好行为，消除或减少问题行为，从而提高康复对象学习、社会交往和正常生活的质量。

（二）阶段目标

1. 初级阶段

（1）情绪识别

① 能感知、体验高兴的情绪，并能从多种情绪中识别出高兴。

② 能感知、体验生气的情绪，并能从多种情绪中识别出生气。

③ 能感知、体验难过的情绪，并能从多种情绪中识别出难过。

④ 能感知、体验害怕的情绪，并能从多种情绪中识别出害怕。

（2）情绪表达

① 能通过模仿表达、情境表达、自由表达的训练，在不同情境下用恰当的方式表达高兴。

② 能通过模仿表达、情境表达、自由表达的训练，在不同情境下用恰当的方式表达生气。

③ 能通过模仿表达、情境表达、自由表达的训练，在不同情境下用恰当的方式表达难过。

④ 能通过模仿表达、情境表达、自由表达的训练，在不同情境下用恰当的方式表达害怕。

（3）情绪调控

① 能通过动感视频和可视音乐（启蒙篇）进行情绪外部调控。

② 能通过初级生理调节和初级行为调节进行情绪内部调控。

（4）行为管理——适应性行为

① 能在自理能力、简单生活、家人互动、休闲活动中表现出恰当的家庭适应行为。

② 能在校园适应、情感适应、人际适应、校园规则中表现出恰当的学校适应行为。

③ 能在社区适应、社区规则、安全适应中表现出恰当的公共场所适应行为。

2. 高级阶段

（1）情绪识别

① 能感知、体验惊讶的情绪，并能从多种情绪中识别出惊讶。

② 能感知、体验讨厌的情绪，并能从多种情绪中识别出讨厌。

③ 能感知人物的其他情绪，比如紧张、内疚、同情、忌妒、骄傲等。

（2）情绪表达

① 能通过模仿表达、情境表达、自由表达的训练，在不同情境下用恰当的方式表达惊讶。

② 能通过模仿表达、情境表达、自由表达的训练，在不同情境下用恰当的方式表达讨厌。

③ 能通过模仿表达、情境表达、自由表达的训练，在不同情境下用恰当的方式表达较复杂的情绪，比如紧张、忌妒、骄傲等。

（3）情绪理解

① 能推断不同情景中自己和他人会产生的情绪，包括高兴、生气、难过、害怕等。

② 能根据不同情景，推断他人情绪（高兴、生气、难过、害怕等）产生的原因；能根据特定情绪，推断出可能引发该情绪的情景。

（4）情绪调控

① 能通过放松训练和可视音乐（基础篇和提高篇）进行情绪外部调控。

② 能通过高级生理调节、高级行为调节、认知调节进行情绪内部调控。

（5）行为管理——发展性行为

① 能在生活技能、人际互动、娱乐活动中表现出恰当的家庭发展行为。

② 能在合作行为、人际交往、学校礼仪中表现出恰当的学校发展行为。

③ 能在规则遵守、场所使用中表现出恰当的公共场所发展行为。

三、课时设置

学前阶段，根据康复对象对情绪行为训练的需求，灵活设置康复课程。

学龄阶段，对有情绪行为训练需求的康复对象，在低年级（1—3 年级）应保证本课程每周不少于 3 课时，每学期总课时数不少于 60 课时的训练时间；在中高年级应保证本课程每周不少于 1—2 课时，每学期总课时数不少于 20 课时的训练时间；各医院、康复中心和特殊教育学校根据康复对象的实际情况，对有严重障碍的康复对象按需增加训练时间。

四、课程内容

（一）初级阶段

康复训练项目		康复目标与内容	康复训练建议
情绪识别	1. 高兴	**（1）感知高兴** 能感知到人物（图片、视频、真人等）高兴的情绪状态。如看到图片《小虎吃鸡腿很高兴》，知道小虎处于高兴的情绪中。 **（2）体验高兴** 能体验到人物（图片、视频、真人等）高兴的情绪状态。如看到图片《小虎吃鸡腿很高兴》，能做出和小虎一样的面部表情和姿态。 **（3）识别高兴** 能从多种情绪的外部表现（面部表情、姿态表情、语音语调、语言等）中，识别出高兴的情绪状态。如从《高兴的贝贝》《难过的贝贝》《惊讶的贝贝》《生气的贝贝》四幅图中，识别出“高兴的贝贝”。	**（1）训练准备** ① 自备材料 感知高兴和体验高兴：不同人物高兴的图片、音频和视频等。 识别高兴：多种情绪的卡片、音频或视频等。 ② 推荐设备 自闭与多动障碍干预仪—情绪干预—情绪识别—识别高兴。（食药监办械管〔2015〕104 号） **（2）训练方法** 通过情境教学法，让康复对象感知高兴；通过图片 / 视频模拟法，让康复对象体验高兴；通过图片 / 视频辨别法，让康复对象识别出高兴。
	2. 生气	**（1）感知生气** 能感知到人物（图片、视频、真人等）生气的情绪状态。如看到图片《妈妈生气了》，知道妈妈处于生气的情绪中。 **（2）体验生气** 能体验到人物（图片、视频、真人等）生气的情绪状态。如看到图片《妈妈生气了》，能做出和妈妈一样的面部表情和姿态。 **（3）识别生气** 能从多种情绪的外部表现（面部表情、姿态表情、语音语调、语言等）中，识别出生气的情绪状态。如从《高兴的贝贝》《难过的贝贝》《惊讶的贝贝》《生气的贝贝》四幅图中，识别出“生气的贝贝”。	**（1）训练准备** ① 自备材料 感知生气和体验生气：不同人物生气的图片、音频和视频等。 识别生气：多种情绪的卡片、音频或视频等。 ② 推荐设备 自闭与多动障碍干预仪—情绪干预—情绪识别—识别生气。（食药监办械管〔2015〕104 号） **（2）训练方法** 通过情境教学法，让康复对象感知生气；通过图片 / 视频模拟法，让康复对象体验生气；通过图片 / 视频辨别法，让康复对象识别出生气。

续表

康复训练项目		康复目标与内容	康复训练建议
情绪识别	3. 难过	**（1）感知难过** 能感知到人物（图片、视频、真人等）难过的情绪状态。如看到视频《贝贝很难过》，知道贝贝处于难过的情绪中。 **（2）体验难过** 能感知到人物（图片、视频、真人等）难过的情绪状态。如看到图片《贝贝很难过》，能做出和贝贝一样的面部表情和姿态。 **（3）识别难过** 能从多种情绪的外部表现（面部表情、姿态表情、语音语调、语言等）中，识别出难过的情绪状态。如从《高兴的贝贝》《难过的贝贝》《惊讶的贝贝》《生气的贝贝》四幅图中，识别出“难过的贝贝”。	**（1）训练准备** ① 自备材料 感知难过和体验难过：不同人物难过的图片、音频和视频等。 识别难过：多种情绪的卡片、音频或视频等。 ② 推荐设备 自闭与多动障碍干预仪—情绪干预—情绪识别—识别难过。（食药监办械管〔2015〕104 号） **（2）训练方法** 通过情境教学法，让康复对象感知难过；通过图片 / 视频模拟法，让康复对象体验难过；通过图片 / 视频辨别法，让康复对象识别出难过。
	4. 害怕	**（1）感知害怕** 能感知到人物（图片、视频、真人等）害怕的情绪状态。如看到视频《贝贝很害怕》，知道贝贝处于害怕的情绪中。 **（2）体验害怕** 能体验到人物（图片、视频、真人等）害怕的情绪状态。如看到图片《贝贝很害怕》，能做出和贝贝一样的面部表情和姿态。 **（3）识别害怕** 能从多种情绪的外部表现（面部表情、姿态表情、语音语调、语言等）中，识别出害怕的情绪状态。如从《高兴的贝贝》《难过的贝贝》《害怕的贝贝》《生气的贝贝》四幅图中，识别出“害怕的贝贝”。	**（1）训练准备** ① 自备材料 感知害怕和体验害怕：不同人物害怕的图片、音频和视频等。 识别害怕：多种情绪的卡片、音频或视频等。 ② 推荐设备 自闭与多动障碍干预仪—情绪干预—情绪识别—识别害怕。（食药监办械管〔2015〕104 号） **（2）训练方法** 通过情境教学法，让康复对象感知害怕；通过图片 / 视频模拟法，让康复对象体验害怕；通过图片 / 视频辨别法，让康复对象识别出害怕。

续表

康复训练项目		康复目标与内容	康复训练建议
情绪表达	1. 高兴	**（1）模仿表达** 能模仿人物（图片、视频、真人等）高兴的情绪表现（面部表情、姿态表情、语音语调、语言等），如看到图片《贝贝高兴地笑了》，能模仿贝贝脸上的表情。 **（2）情境表达** 能根据特定的情境，表达自己高兴的情绪状态（面部表情、姿态表情、语音语调、语言等），如看到场景图片《过生日吃蛋糕》，能用微笑着拍手来表达高兴。 **（3）自由表达** 能脱离情境，用恰当的方式（面部表情、姿态表情、语音语调、语言等）表达高兴的情绪，如被问“高兴时可以说什么？”回答“哈哈”“好高兴啊”等。	**（1）训练准备** ① 自备材料 模仿表达：表现真人或卡通人物高兴表情的图片、视频等。 情境表达：能引起康复对象高兴的情景的照片或者实物等，如蛋糕的图片或者实物。 自由表达：镜子等。 ② 推荐设备 自闭与多动障碍干预仪—情绪干预—情绪表达—表达高兴。（食药监办械管〔2015〕104 号） **（2）训练方法** 通过图片、视频等，让康复对象模仿高兴；通过创设情境法让康复对象表达高兴；通过问答法让康复对象自由表达高兴。
	2. 生气	**（1）模仿表达** 能模仿人物（图片、视频、真人等）生气的情绪表现（面部表情、姿态表情、语音语调、语言等），如看到图片《贝贝生气了》，能模仿贝贝脸上的表情。 **（2）情境表达** 能根据特定的情境，表达自己生气的情绪状态（面部表情、姿态表情、语音语调、语言等），如看到场景图片《别人打碎了我的花瓶》，能用皱眉抿嘴来表达生气。 **（3）自由表达** 能脱离情境，用恰当的方式（面部表情、姿态表情、语音语调、语言等）表达生气的情绪，如被问“生气时可以说什么？”回答“哼哼”“我生气了”等。	**（1）训练准备** ① 自备材料 模仿表达：表现真人或卡通人物生气表情的图片、视频等。 情境表达：能引起康复对象生气的情景的照片或者实物等，如被毁坏了的心爱玩具。 自由表达：镜子等。 ② 推荐设备 自闭与多动障碍干预仪—情绪干预—情绪表达—表达生气。（食药监办械管〔2015〕104 号） **（2）训练方法** 通过图片、视频等，让康复对象模仿生气；通过创设情境法让康复对象表达生气；通过问答法让康复对象自由表达生气。

续表

康复训练项目		康复目标与内容	康复训练建议
情绪表达	3. 难过	**（1）模仿表达** 能模仿人物（图片、视频、真人等）难过的情绪表现（面部表情、姿态表情、语音语调、语言等），如看到图片《贝贝难过地哭了》，能模仿贝贝脸上的表情。 **（2）情境表达** 能根据特定的情境，表达自己难过的情绪状态（面部表情、姿态表情、语音语调、语言等），如看到场景图片《妈妈要出差》，能用语言“我不想和你分开”来表达难过。 **（3）自由表达** 能脱离情境，用恰当的方式（面部表情、姿态表情、语音语调、语言等）表达难过的情绪，如被问“难过时可以说什么？”回答“好难过”“呜呜”等。	**（1）训练准备** ① 自备材料 模仿表达：表现真人或卡通人物难过表情的图片、视频等。 情境表达：能引起康复对象难过的情景照片或者实物等，如“妈妈挥手再见”的照片。 自由表达：镜子等。 ② 推荐设备 自闭与多动障碍干预仪—情绪干预—情绪表达—表达难过。（食药监办械管〔2015〕104 号） **（2）训练方法** 通过图片、视频等，让康复对象模仿难过；通过创设情境法让康复对象表达难过；通过问答法让康复对象自由表达难过。
	4. 害怕	**（1）模仿表达** 能模仿人物（图片、视频、真人等）害怕的情绪表现（面部表情、姿态表情、语音语调、语言等），如看到图片《贝贝很害怕》，能模仿贝贝脸上的表情。 **（2）情境表达** 能根据特定的情境，表达自己害怕的情绪状态（面部表情、姿态表情、语音语调、语言等），如看到场景图片或视频《大狗挡路》，能张嘴大叫来表达害怕。 **（3）自由表达** 能脱离情境，用恰当的方式（面部表情、姿态表情、语音语调、语言等）表达害怕的情绪，如被问“害怕时可以说什么？”回答“好吓人”“啊啊啊”等。	**（1）训练准备** ① 自备材料 模仿表达：表现真人或卡通人物害怕表情的图片、视频等。 情境表达：能引起康复对象害怕的情景照片或者实物等，如毛毛虫的照片、一条大狗的照片或者玩偶。 自由表达：镜子等。 ② 推荐设备 自闭与多动障碍干预仪—情绪干预—情绪表达—表达害怕。（食药监办械管〔2015〕104 号） **（2）训练方法** 通过图片、视频等，让康复对象模仿害怕；通过创设情境法让康复对象表达害怕；通过问答法让康复对象自由表达害怕。

续表

康复训练项目			康复目标与内容	康复训练建议
情绪调控	外部	1. 动感视频	利用动感视频对康复对象进行情绪诱导，使康复对象的情绪状态符合教学情境的要求。如“正性＋中性＋负性＋中性”曲目组合，帮助康复对象从兴奋状态恢复到平静状态。	**（1）训练准备** 推荐设备：自闭与多动障碍干预仪—情绪干预—情绪诱导。（食药监办械管〔2015〕104 号） **（2）训练方法** 根据同质性原则，选择适合康复对象使用的干预曲目。 备注：康复师 / 康复教师需根据康复对象当前的情绪状态制定出合理的干预方案。
		2. 可视音乐（启蒙篇）	利用可视音乐的童趣篇对康复对象进行情绪干预，调节康复对象的不良情绪，使情绪趋于平和。如“正性＋中性＋负性＋中性”曲目组合，帮助康复对象从激动的情绪状态走向平静的情绪状态。	**（1）训练准备** 推荐设备：Dr.Music-1 可视音乐干预仪—童趣篇（食药监办械管〔2015〕104 号）、康复云康复定制中的情绪调节。 **（2）训练方法** 根据同质性原则，选择适合康复对象使用的干预曲目。 备注：康复师 / 康复教师需根据康复对象当前的情绪状态制定出合理的干预方案。
	内部	1. 初级生理调节	**（1）深呼吸** 当有不良情绪时，能通过正确的深呼吸方式平复心情，从不良情绪中走出来，如紧张时，深深吸气慢慢呼气，放松身体，进而缓解紧张情绪。 **（2）大睡一觉** 当有不良情绪时，能通过舒服地大睡一觉的方式缓冲不良情绪带来的影响。 **（3）哭泣宣泄** 当有不良情绪时，能通过适当的哭泣和喊叫将情绪宣泄出来，摆脱不良情绪的影响，如难过时，在家里哭一哭。	**（1）训练准备** ① 自备材料：有关深呼吸、大睡一觉、哭泣宣泄调节情绪的相关视频等。 ② 推荐设备：自闭与多动障碍干预仪—情绪干预—情绪自我调节。（食药监办械管〔2015〕104 号） **（2）训练方法** 通过深呼吸、大睡一觉和哭泣宣泄的方式帮助康复对象调节不良情绪。 备注：康复师 / 康复教师需教会康复对象在不同的情境中运用不同的调节方式，比如考试紧张的时候，深呼吸可能更适合。

续表

康复训练项目			康复目标与内容	康复训练建议
情绪调控	内部	2. 初级行为调节	**（1）向他人倾诉** 当有不良情绪时，可以向身边的人倾诉，这样心情会好很多，比如贝贝很难过，但是跟妈妈倾诉完之后，她的心情就好很多了。 **（2）与玩具做伴** 当有不良情绪时，可以跟自己喜爱的玩具在一起，这样心情会好很多，比如因打雷感到害怕时，贝贝抱着自己喜爱的玩具就不感到害怕了。	**（1）训练准备** ① 自备材料：有关向他人倾诉、与玩具做伴调节情绪的相关视频等。 ② 推荐设备：Dr.Music-3 情绪与行为干预仪—情绪干预—情绪自我调节。（食药监办械管〔2015〕104 号） **（2）训练方法** 通过向他人倾诉和与玩具做伴的方式帮助康复对象调节不良情绪。
行为管理——适应性行为	家庭	1. 自理能力	干预康复对象在进食、穿衣、如厕、个人卫生等自理行为中存在的问题行为，如捡食地上的食物、乱穿乱脱衣裤鞋袜、随地大小便、乱擦鼻涕等。帮助康复对象发展出适当的自理能力。 **（1）进食自理** 能使用正确的进食方式进食安全的食物。 **（2）穿衣自理** 能根据时令、场合正确穿脱衣物。 **（3）如厕自理** 能恰当地表达和处理如厕需求。 **（4）个人卫生** 能恰当地清洁自己，养成良好的个人卫生习惯。	**（1）训练准备** ① 自备材料：自理能力异常行为的相关图片或视频、正确行为示范视频、活动操作流程图、个人自理主题绘本等。 ② 推荐设备：虚拟现实社会适应训练－如厕篇。 **（2）训练方法** 采用塑造法、差别强化法、刺激促进法、示范法、脚本法、情境教学法等，塑造康复对象良好的家庭自理行为。 **（3）干预策略** 通过观察、访谈等方法，筛查和评估康复对象在家庭自理方面所出现的适应性行为问题。 针对问题行为应采用功能性行为分析的方法实施干预，如小虎随地大小便的原因是缺乏如厕的意识，则应通过如厕意识的培养，强化小虎正确的如厕行为，来干预其随地大小便的问题行为。

续表

<table>
<tr><th colspan="3">康复训练项目</th><th>康复目标与内容</th><th>康复训练建议</th></tr>
<tr><td rowspan="2">行为管理——适应性行为</td><td rowspan="2">家庭</td><td>2. 简单生活</td><td>针对康复对象家居生活中存在的异常行为，如环境适应不良、环境刻板、容易走失、危险意识淡薄、家务能力欠缺等，帮助康复对象发展适当的家居生活能力。
（1）熟悉家居环境
能熟悉和认识家居生活的物理环境及物品。
（2）家庭地址定向
能描述自己的家庭详细地址、父母姓名和联系方式。
（3）居家安全常识
能知晓和掌握家居生活的安全常识。
（4）简单家务处理
能知晓和掌握简单的家务处理流程。</td><td>（1）训练准备
① 自备材料：危险行为的相关图片或视频、正确行为示范视频、家居主题绘本等。
② 推荐设备：自闭与多动障碍干预仪—行为干预—社会交往—早期社会交往—你能做个好帮手吗?（食药监办械管〔2015〕104 号）
（2）训练方法
采用多媒体教学法、示范法、脚本法、强化法、情境教学法等，塑造康复对象良好的家庭简单生活方面的适应性行为。
（3）干预策略
通过观察、访谈等方法，筛查和评估康复对象在家庭简单生活方面所出现的适应性行为问题。
针对问题行为应采用功能性行为分析的方法实施干预，如小虎触摸墙上的插座，通过分析发现，小虎是喜欢插座滑滑的手感，此时可在插座面板上套一层粗糙的套子（小虎特别不喜欢的材质），减少小虎触碰的频率来干预这一问题行为。</td></tr>
<tr><td>3. 家人互动</td><td>对康复对象家庭生活中异常的人际互动问题进行干预，如对家人感情冷漠、缺乏回应、拒绝拥抱、过度热情、攻击他人、擅动他人物品等。帮助康复对象发展出良好的家庭互动能力。
（1）认识家庭成员
能认识每个家庭成员，说出他们的姓名和称呼。
（2）亲子互动
能与双亲进行一些交互性活动。
（3）同胞互动
能与兄弟姐妹进行一些交互性活动。
（4）家庭拜访
能恰当进行家庭拜访。</td><td>（1）训练准备
自备材料：问题行为的图片或视频、家庭成员照片、正确行为示范视频、亲子互动主题绘本、良好行为主题绘本等。
（2）训练方法
采用示范法、强化法、脚本法、游戏互动法、情境教学法等，塑造康复对象与家庭家人互动方面的适应性行为。
（3）干预策略
通过观察、访谈等方法，筛查和评估康复对象在家庭人际互动方面所出现的适应性行为问题。
针对问题行为应采用功能性行为分析的方法实施干预，如小虎对家人缺乏主动沟通与回应，通过分析发现小虎沟通动机不强，此时应先以小虎的生理需求为突破口，如吃、喝等，在小虎有需求时，要求他表达出或回应家人才给予满足并强化，后逐渐拓展到家庭成员互动中。</td></tr>
</table>

续表

康复训练项目			康复目标与内容	康复训练建议
行为管理——适应性行为	家庭	4. 休闲活动	矫正康复对象由于休闲技能缺乏而出现的异常行为，如破坏行为、自我刺激行为等，促进康复对象发展出适当的休闲技能。 **（1）玩具使用** 能恰当使用常见玩具。 **（2）电视使用** 掌握观看视频节目的基本操作技能。 **（3）独处休闲** 能在独处情况下自娱自乐。 **（4）简单互动休闲** 掌握一些简单的互动休闲技能。	**（1）训练准备** 自备材料：问题行为的相关图片或视频、正确行为示范视频、休闲主题相关绘本等。 **（2）训练方法** 采用刺激消退法、强化法、感觉消退法、阻断转移法等，塑造康复对象家庭休闲活动方面的适应性行为。 **（3）干预策略** 通过观察、访谈等方法，筛查和评估康复对象在家庭休闲活动方面所出现的适应性行为问题。 针对问题行为应采用功能性行为分析的方法实施干预，如小虎看书时乱撕书，通过分析发现，小虎喜欢撕书声带来的享受和快感，此时应该选择精装书或者塑料书，让小虎无法撕开，逐渐消退不良行为，再帮助小虎建立正确看书的良好行为。
	学校	1. 校园适应	针对康复对象因学校环境适应不良而产生的异常行为，如拒绝陌生环境、容易走失、走错教室、乱坐座位等，帮助康复对象发展出更好适应学校环境的能力。 **（1）地址定向** 能说出学校的名称和详细地址。 **（2）学校环境** 熟悉掌握学校环境的区域布局及功能。 **（3）教室环境** 能认识教室的位置并熟悉教室内环境。 **（4）座位环境** 能找准自己座位，知道四周的环境。	**（1）训练准备** 自备材料：问题行为的相关图片或视频、正确行为示范视频、教室与座位提示图等。 **（2）训练方法** 采用多媒体教学法、示范法、刺激促进法、强化法、情境教学法等，塑造康复对象学校校园适应方面的适应性行为。 **（3）干预策略** 通过观察、访谈等方法，筛查和评估康复对象在学校校园环境方面所出现的适应性行为问题。 针对问题行为应采用功能性行为分析的方法实施干预。如贝贝经常走错教室的原因是缺乏对自己教室的认识，可以在教室门口做一个明显的标记，强化贝贝对自己教室的认识，来干预其走错教室的问题行为。

续表

康复训练项目			康复目标与内容	康复训练建议
行为管理——适应性行为	学校	2. 情感适应	干预康复对象因学校情感适应不良产生的问题行为。如逃学、上学哭闹、不愿与家长分离等，帮助康复对象养成喜欢上学的行为习惯。 **（1）家长分离适应** 习得恰当的上学分别仪式，正确处理分离焦虑。 **（2）入学情感适应** 接纳并适应学校的校园生活。	**（1）训练准备** 自备材料：问题行为的相关图片或视频、正确行为示范视频、上学的主题绘本等。 **（2）训练方法** 采用多媒体教学法、示范法、脚本法、转移注意力法等，塑造康复对象学校情感适应方面的适应性行为。 **（3）干预策略** 通过观察、访谈等方法，筛查和评估康复对象在学校情感适应方面所出现的适应性行为问题。 针对问题行为应采用功能性行为分析的方法实施干预。如小虎上学哭闹的原因是对陌生环境的恐惧，则应通过多种方法让小虎体验到上学的乐趣和新环境的美好，强化小虎喜欢上学的行为，来干预其随意哭闹的问题行为。
		3. 人际适应	干预康复对象因人际适应不良而产生的异常行为，如喜欢独处、拒绝人际互动、不认识老师同学等。促进康复对象人际适应能力的发展。 **（1）认识老师** 能说出任课老师的姓名及所教科目。 **（2）认识同学** 能说出班级同学的姓名和性别。	**（1）教学准备** ① 自备材料：问题行为的相关图片或视频、老师及同学的照片、正确行为示范视频、人际交往绘本等。 ② 推荐设备：自闭与多动障碍干预仪—早期社会交往—你会礼貌用语吗？/ 你会和朋友交谈吗？（食药监办械管〔2015〕104 号） **（2）训练方法** 采用示范法、脚本法、游戏互动法、问答法等，塑造康复对象学校人际适应方面的适应性行为。 **（3）干预策略** 通过观察、访谈等方法，筛查和评估康复对象在学校人际适应方面所出现的适应性行为问题。 针对问题行为应采用功能性行为分析的方法实施干预，如小虎不与同伴交流的原因是害怕和陌生人接触，则应通过游戏和情境教学方法，增进其与同伴情感交流，来干预其不与同伴交流的问题行为。

续表

康复训练项目			康复目标与内容	康复训练建议
行为管理——适应性行为	学校	4. 校园规则	干预康复对象因规则适应不良而产生的异常行为，如随意走串教室、随意出入课堂、随意在教室内跑动、乱扔教学用品等。促进康复对象遵守学校的规则。 **（1）作息规则** 能知道并遵守学校的作息规则。 **（2）课堂规则** 能知道并遵守课堂的学习规则。 **（3）活动规则** 能知道并遵守不同活动的规则。	**（1）训练准备** ① 自备材料：问题行为的相关图片或视频、正确行为示范视频、规则图卡、规则儿歌、规则主题绘本等。 ② 推荐设备：自闭与多动障碍干预仪—行为干预—社会交往—早期社会交往—你会讲礼貌吗？（食药监办械管〔2015〕104 号） **（2）教学方法** 采用多媒体教学法、示范法、脚本法、差别强化法、惩罚法等，塑造康复对象校园规则的适应性行为。 **（3）干预策略** 通过观察、访谈等方法，筛查和评估康复对象在学校校园规则方面所出现的适应性行为问题。 针对问题行为应采用功能性行为分析的方法实施干预。如贝贝随意出入课堂的原因是缺乏遵守课堂规则的意识，则应通过课堂规则意识的培养，强化贝贝遵守规则的行为，来干预其随意出入课堂的问题行为。
	公共场所	1. 社区适应	干预康复对象在公共场所因适应不良而产生的行为问题，如大吼大叫、随意跑动、哭闹、自伤、攻击等。帮助康复对象发展出适应多种公共场所环境的能力。 **（1）认识公共场所** 认识常见的公共场所及其功能。 **（2）适应空间环境** 能适应空间较大、空间较小或密闭的环境。 **（3）适应人多环境** 能适应人员密集或拥挤的环境。 **（4）适应嘈杂环境** 能适应声音嘈杂的环境。	**（1）训练准备** ① 自备材料：问题行为的相关图片或视频、正确行为示范视频、多种环境的音频、环境主题绘本等。 ② 推荐设备：虚拟现实社会适应训练－乘车篇 / 游乐篇 / 购物篇。 **（2）训练方法** 采用多媒体教学法、示范法、脚本法、强化法、系统脱敏法等，塑造康复对象在公共场所社区适应方面的适应性行为。 **（3）干预策略** 通过观察、访谈等方法，筛查和评估康复对象在公共场所社区适应方面所出现的适应性行为问题。 针对问题行为应采用功能性行为分析的方法实施干预。如小虎在嘈杂环境大吼大叫的原因是难以适应嘈杂的环境，应通过系统脱敏法，首先营造出公共场所嘈杂的环境，当小虎适应当前刺激时再逐步提高嘈杂环境的音量，及时强化小虎的适当行为，促进小虎对嘈杂环境的脱敏。

续表

康复训练项目			康复目标与内容	康复训练建议
行为管理——适应性行为	公共场所	2. 社区规则	干预康复对象因场所规则适应不良而导致的行为问题，如在电影院大声尖叫、购物排队结账时大发脾气等，帮助康复对象习得遵守不同场所的规则要求。 **（1）安静场所规则** 能在需要安静的场所中保持安静。 **（2）等待场所规则** 能在需要等待的场所中保持等待。	**（1）训练准备** ① 自备材料：问题行为的相关图片或视频、正确行为示范视频、规则图卡、规则主题绘本等。 ② 推荐设备 虚拟现实社会适应训练—乘车篇 / 购物篇。 自闭与多动障碍干预仪—行为干预—社会交往—早期社会交往—你会轮流玩吗？/ 你会正确的使用声音吗？（食药监办械管〔2015〕104 号） **（2）训练方法** 采用多媒体教学法、强化法、示范法、脚本法等，塑造康复对象公共场所规则方面的适应性行为。 **（3）干预策略** 通过观察、访谈等方法，筛查和评估康复对象在公共场所规则适应方面所出现的适应性行为问题。 针对问题行为应采用功能性行为分析的方法实施干预，如针对贝贝在电影院大声尖叫是因为缺乏规则意识，为贝贝创设情境进行脚本练习，并通过示范的方式为贝贝示范正确的行为，以纠正贝贝的问题行为，帮其塑造正确的规则意识。
		3. 安全适应	干预康复对象由于安全意识缺乏而导致的异常行为，如在马路上奔跑、将手指插入电线插孔、使用打火机等，帮助康复对象形成安全意识，避免危险的发生。 **（1）危险场所识别** 能识别出危险场所。 **（2）危险物品识别** 能识别出危险物品。 **（3）危险标识识别** 能识别出常见的危险标识。	**（1）训练准备** ① 自备材料 问题行为的相关图片或视频、危险场所与危险物品的图片或视频、危险标识图片、正确行为示范视频、安全主题绘本等。 **（2）训练方法** 采用多媒体教学法、示范法、脚本法、强化法、刺激促进法等，塑造康复对象公共场所安全适应方面的适应性行为。 **（3）干预策略** 通过观察、访谈等方法，筛查和评估康复对象在公共场所安全适应方面所出现的适应性行为问题。 针对问题行为应采用功能性行为分析的方法实施干预，如小虎将手指插入电线插孔是因为缺乏安全意识，应加强对小虎安全意识的培养，并在安全插座旁贴上安全标识，以帮助小虎改正问题行为。

（二）高级阶段

康复训练项目		康复目标与内容	康复训练建议
情绪识别	1. 惊讶	**（1）感知惊讶** 能感知到人物（图片、视频、真人等）惊讶的情绪状态。如看到视频《贝贝很惊讶》，知道贝贝处于惊讶的情绪中。 **（2）体验惊讶** 能体验到人物（图片、视频、真人等）惊讶的情绪状态。如看到图片《贝贝很惊讶》，能做出和贝贝一样的面部表情和姿态。 **（3）识别惊讶** 能从多种情绪的外部表现（面部表情、姿态表情、语音语调、语言等）中识别出惊讶的情绪状态。如从《高兴的贝贝》《难过的贝贝》《惊讶的贝贝》《生气的贝贝》四幅图中，识别出《惊讶的贝贝》。	**（1）训练准备** ① 自备材料 感知惊讶和体验惊讶：表现人物惊讶的图片、音频和视频等。 识别惊讶：多种情绪的卡片、音频或视频等。 ② 推荐材料：自闭与多动障碍干预仪—情绪干预—情绪识别—识别惊讶。（食药监办械管〔2015〕104号） **（2）训练方法** 通过情境教学法，让康复对象感知惊讶；通过图片/视频模拟法，让康复对象体验惊讶；通过图片/视频辨别法，让康复对象识别出惊讶。 推荐设备：自闭与多动障碍干预仪—情绪干预—情绪识别—识别惊讶。（食药监办械管〔2015〕104号）
	2. 讨厌	**（1）感知讨厌** 能感知到人物（图片、视频、真人等）感到讨厌的情绪状态。如看到图片《贝贝感到讨厌》，知道贝贝处于讨厌的情绪中。 **（2）体验讨厌** 能体验到人物（图片、视频、真人等）感到讨厌的情绪状态。如看到图片《贝贝感到讨厌》，能做出和贝贝一样的面部表情和姿态。 **（3）识别讨厌** 能从多种情绪的外部表现（面部表情、姿态表情、语音语调、语言等）中识别出讨厌的情绪状态。如从《贝贝感到高兴》《贝贝感到讨厌》《贝贝感到惊讶》《贝贝感到生气》四幅图中，识别出《贝贝感到讨厌》。	**（1）训练准备** ① 自备材料 感知讨厌和体验讨厌：表现人物感到讨厌的图片、音频和视频等。 识别讨厌：多种情绪的卡片、音频或视频等。 ② 推荐设备：自闭与多动障碍干预仪—情绪干预—情绪识别—识别讨厌。（食药监办械管〔2015〕104号） **（2）训练方法** 通过情境教学法，让康复对象感知讨厌；通过图片/视频模拟法，让康复对象体验讨厌；通过图片/视频辨别法，让康复对象识别出讨厌。

续表

康复训练项目		康复目标与内容	康复训练建议
情绪识别	3. 其他情绪	**（1）识别紧张** 能感知到人物（图片、视频、真人等）紧张的情绪状态。如看到视频《小虎很紧张》，知道小虎处于紧张的情绪中。 **（2）识别内疚** 能感知到人物（图片、视频、真人等）内疚的情绪状态。如看到视频《小虎很内疚》，知道小虎处于内疚的情绪中。 **（3）识别同情** 能感知到人物（图片、视频、真人等）同情的情绪状态。如看到视频《贝贝很同情小兰》，知道贝贝处于同情的情绪中。 **（4）识别忌妒** 能感知到人物（图片、视频、真人等）忌妒的情绪状态。如看到视频《贝贝忌妒小兰》，知道贝贝处于忌妒的情绪中。 **（5）识别骄傲** 能感知到人物（图片、视频、真人等）骄傲的情绪状态。如看到视频《贝贝很骄傲》，知道贝贝处于骄傲的情绪中。 **（6）识别沮丧** 能感知到人物（图片、视频、真人等）沮丧的情绪状态。如看到视频《贝贝很沮丧》，知道贝贝处于沮丧的情绪中。	**（1）训练准备** ① 自备材料 感知和体验其他情绪绪：多种情绪的图片、音频和视频等。 识别其他情绪：多种情绪的卡片、音频或视频等。 ② 推荐设备：自闭与多动障碍干预仪—情绪干预—情绪识别—识别其他情绪。（食药监办械管〔2015〕104号） **（2）训练方法** 通过情境教学法，让康复对象感知紧张、内疚、同情、忌妒、骄傲和沮丧的情绪。
情绪表达	1. 表达惊讶	**（1）模仿表达** 能模仿人物（图片、视频、真人等）惊讶的情绪表现（面部表情、姿态表情、语音语调、语言等），如看到图片《贝贝惊讶地看着大狗驮小猫》，能模仿贝贝脸上的表情。 **（2）情境表达** 能根据特定的情境，表达自己惊讶的情绪状态（面部表情、姿态表情、语音语调、语言等），如看到图片《一只巨大的蝴蝶》，能双手张开，嘴巴呈“O”状来表达惊讶。 **（3）自由表达** 能脱离情境，用恰当的方式（面部表情、姿态表情、语音语调、语言等）表达惊讶的情绪，如被问“惊讶时可以说什么?”回答“好神奇”“真了不起”等。	**（1）训练准备** 自备材料 模仿表达：表现真人或卡通人物惊讶表情的图片、视频等。 情境表达：能引起康复对象惊讶的情景照片或者实物等。 自由表达：镜子等。 **（2）训练方法** 通过图片、视频等，让康复对象模仿惊讶；通过创设情境法让康复对象表达惊讶；通过问答法让康复对象自由表达惊讶。

续表

康复训练项目		康复目标与内容	康复训练建议
情绪表达	2. 表达讨厌	**（1）模仿表达** 能模仿人物（图片、视频、真人等）讨厌的情绪表现（面部表情、姿态表情、语音语调、语言等），如看到图片《贝贝厌恶地看着别人扔垃圾》，能模仿贝贝脸上的表情。 **（2）情境表达** 能根据特定的情境，表达自己高兴的情绪状态（面部表情、姿态表情、语音语调、语言等），如看到场景图片《蛆虫从鸡腿中爬出来》，能表现出嗤鼻，上嘴唇向上抬，眉毛下垂，眯眼或者捂鼻捂嘴的动作。 **（3）自由表达** 能脱离情境，用恰当的方式（面部表情、姿态表情、语音语调、语言等）表达讨厌的情绪，如被问“讨厌时可以说什么？”回答“真讨厌”“真令人厌恶”等。	**（1）训练准备** 自备材料 模仿表达：表现真人或卡通人物感到讨厌时的表情图片、视频等。 情境表达：能引起康复对象讨厌的情景的照片或者实物等。 自由表达：镜子等。 **（2）训练方法** 通过图片、视频等，让康复对象模仿讨厌；通过创设情境法让康复对象表达讨厌；通过问答法让康复对象自由表达讨厌。
	3. 其他情绪	**（1）表达紧张** 能用恰当的方式（面部表情、姿态表情、语音语调、语言等）表达紧张的情绪，如看到场景图片《马上要上台表演了》，能表现出紧张的情绪。 **（2）表达内疚** 能用恰当的方式（面部表情、姿态表情、语音语调、语言等）表达内疚的情绪，如看到场景图片《自己撞到了一个路人》，能表现出内疚的情绪。 **（3）表达同情** 能用恰当的方式（面部表情、姿态表情、语音语调、语言等）表达同情的情绪，如看到场景图片《好朋友摔倒了》，能表现出同情的情绪。 **（4）表达忌妒** 能用恰当的方式（面部表情、姿态表情、语音语调、语言等）表达忌妒的情绪，如看到场景图片《同学有了自己想要的新文具》，能表现出忌妒的情绪。 **（5）表达骄傲** 能用恰当的方式（面部表情、姿态表情、语音语调、语言等）表达骄傲的情绪，如看到场景图片《考试满分》，能表现出骄傲的情绪。 **（6）表达沮丧** 能用恰当的方式（面部表情、姿态表情、语音语调、语言等）表达沮丧的情绪，如看到场景图片《喜爱的玩具怎么都修不好》，能表现出沮丧的情绪。	**（1）训练准备** ① 自备材料：表现真人或卡通人物骄傲、忌妒、紧张、内疚、沮丧、同情等表情的图片、视频等。 ② 推荐设备：自闭与多动障碍干预仪—情绪干预—情绪识别—表达其他情绪。（食药监办械管〔2015〕104号） **（2）训练方法** 通过图片、视频等，让康复对象模仿骄傲、忌妒、紧张等情绪；通过创设情境法让康复对象表达骄傲、忌妒、紧张等情绪；通过问答法让康复对象自由表达骄傲、忌妒、紧张等情绪。

续表

康复训练项目		康复目标与内容	康复训练建议
情绪理解	1. 情景推理	**（1）高兴** 能推断不同情景中自己和他人的情绪状态，如观看视频《我被妈妈表扬》，能推断出“我感到高兴”；观看视频《小明来小虎家做客》，能推断出“小虎感到很高兴”。 **（2）生气** 能推断不同情景中自己和他人的情绪状态，如观看视频《我的钢笔被人拿走了》，能推断出“我感到生气”；观看视频《小虎的书被贝贝撕坏了》，能推断出“小虎感到生气”。 **（3）难过** 能推断不同情景中自己和他人的情绪状态，如观看视频《我的书包丢了》，能推断出“我很难过”；观看视频《贝贝的冰淇淋掉地上了》，能推断出“贝贝很难过”。 **（4）害怕** 能推断不同情景中自己和他人的情绪状态，如观看视频《你找不到妈妈了》，能推断出“我感到害怕”；观看视频《贝贝遇见一条大狗》，能推断出“贝贝很害怕”。 **（5）其他情绪** 能推断不同情景中自己和他人的较复杂的情绪，包括惊讶、骄傲、忌妒、紧张、内疚、沮丧、同情等情绪状态。	**（1）训练准备** ① 自备材料：带有情景的图片、视频，如妈妈竖起拇指的照片、被撕坏了的书的照片等。 ② 推荐设备：自闭与多动障碍干预仪—情绪干预—情绪识别—情绪理解—情景推理、行为干预—社会交往—早期社会交往—你知道别人的感受吗?（食药监办械管〔2015〕104 号） **（2）训练方法** 通过创设情境法让康复对象根据所展示的情景（被妈妈表扬等），来推断自己或他人的情绪状态（比如高兴等）。

续表

康复训练项目		康复目标与内容	康复训练建议
情绪理解	2. 归因推理	（1）**高兴** 能根据不同情景推断他人高兴的原因，并能根据高兴情绪推断引发高兴的情景。如观看视频《家人给小虎过生日》，能推断出“小虎感到高兴，因为过生日了”；贝贝感到高兴，能从多张图片中选出反映贝贝高兴原因的图片《妈妈给贝贝买了新衣服》。 （2）**生气** 能根据不同情景，推断他人生气的原因；能根据生气情绪，推断引发生气的情景，如观看视频《贝贝打碎了花瓶》，能推断出“妈妈感到生气，因为贝贝打碎了花瓶”；小兰感到生气，能从多张图片中选出反映小兰生气的原因的图片《小兰的新衣服被别人弄脏了》。 （3）**难过** 能根据不同情景，推断他人难过的原因；能根据难过情绪，推断引发难过的情景，如观看视频《妈妈出差》，能推断出“贝贝感到难过，因为要和妈妈分开”；小虎感到难过，能从多张图片中选出反映小虎难过的原因的那张图片《妈妈要出差了》。 （4）**害怕** 能根据不同情景，推断他人害怕的原因；能根据害怕情绪，推断引发害怕的情景，如观看视频《马路急刹车》，能推断出“贝贝感到害怕，因为差点被车撞到”；小虎感到害怕，能从多张图片中选出反映小虎害怕的原因的图片《打雷了，小虎一个人在家》。 （5）**其他情绪** 能根据不同情景，推断他人复杂情绪产生的原因；能根据某个复杂情绪，推断引发此情绪的场景。复杂情绪状态包括惊讶、骄傲、忌妒、紧张、内疚、沮丧、同情等。如推断“小兰为什么忌妒”，能选出场景图片《贝贝得了第一名》。	（1）**训练准备** ① 自备材料：反映事件及事件中人物表情的图片、视频，如小虎过生日很开心的照片等。 ② 推荐设备：自闭与多动障碍干预仪—情绪干预情绪外部调节。（食药监办械管〔2015〕104号） （2）**训练方法** 通过创设情境法，让康复对象根据所展示的情景，推理引起人物相应情绪的原因；通过辨别法让康复对象选出引起人物相应情绪的情景。

续表

康复训练项目			康复目标与内容	康复训练建议
情绪调控	外部	1. 放松训练	利用心理放松技术，调节康复对象的不良情绪，帮助康复对象从紧张、焦虑等情绪状态中恢复平静。	**（1）训练准备** ① 自备材料：具有放松性质的视频短片或指导性语言材料等。 ② 推荐设备：可视音乐干预仪—动漫篇、频谱篇（教育康复行业康复仪器设备与教学信息化配备标准）、康复云康复定制中的情绪调节。 **（2）训练方法** 通过呼吸训练、肌肉放松、冥想放松等专业的心理放松训练达到缓解不良情绪的目的。
		2. 可视音乐（基础篇和提高篇）	**（1）基础篇（动漫）** 利用可视音乐的动漫篇对康复对象进行情绪干预，调节康复对象的不良情绪，使康复对象的情绪状态趋于平和。如“负性 + 中性 + 正性 + 中性”曲目组合，帮助康复对象从难过、低落的情绪状态中走出来。 **（2）提高篇（频谱）** 利用可视音乐的频谱篇对康复对象进行情绪干预，调节康复对象的不良情绪，使康复对象的情绪状态趋于平和。如“正性 + 负性 + 中性”曲目组合，帮助康复对象从亢奋情绪状态逐渐走向平静的情绪状态。	**（1）训练准备** ① 推荐材料：可视音乐—动漫篇、频谱篇。 ② 推荐设备：自闭与多动障碍干预仪—情绪干预—情绪自我调节。（食药监办械管〔2015〕104 号） **（2）训练方法** 根据同质性原则，选择适合康复对象使用的干预曲目。 备注：康复师 / 康复教师需根据康复对象当前的情绪状态制定出合理的干预方案。

续表

康复训练项目			康复目标与内容	康复训练建议
情绪调控	内部	1. 高级生理调节	**（1）运动宣泄** 当有不良情绪时，能通过运动的方式将不良情绪宣泄出来。如太过高兴的时候，可以通过跑步的方式将心情平复下来。	**（1）训练准备** ① 自备材料：以运动方式调节情绪的相关视频等。 ② 推荐材料：自闭与多动障碍干预仪—情绪干预—情绪自我调节。（食药监办械管〔2015〕104 号） **（2）训练方法** 给康复对象观看以运动方式调节情绪的相关视频，让康复对象知道方法的有效性，并要求康复对象在其有不良情绪的时候，通过运动来排解。
		2. 高级行为调节	**（1）转移注意力** 当有不良情绪时，会通过转移自己注意力的方式改善不良情绪，如和朋友玩耍、暂时走开、数数等。 **（2）兴趣调节** 当有不良情绪时，能通过做自己感兴趣的事的方式，缓冲不良情绪带来的影响，如画画、唱歌、跳舞、写字等。 **（3）其他行为** 当有不良情绪时，能通过告知当事人、合理逃避等方式，缓冲不良情绪带来的影响。如遇到害怕等不良情绪时，能通过远离危险物和危险地的方式，消除不良情绪。	**（1）训练准备** ① 自备材料：有关转移注意力、兴趣调节、告知当事人等调节情绪的相关视频等。 ② 推荐设备：自闭与多动障碍干预仪—情绪干预—情绪自我调节。（食药监办械管〔2015〕104 号） **（2）训练方法** 通过转移注意力、兴趣调节等方式帮助康复对象缓解或消除不良情绪。 备注：康复师 / 康复教师需教会康复对象在不同的情境中要运用不同的调节方式，比如被提问的时候很紧张，可以先在心里默念数数，再回答老师的问题。

续表

康复训练项目			康复目标与内容	康复训练建议
情绪调控	内部	3. 认知调节	**（1）自我提醒** 当有不良情绪时，能通过自我提醒的方式将不良情绪赶走，如非常骄傲的时候，提醒自己别人也很棒。 **（2）默念“放松”** 当有比较激烈的不良情绪时，能通过在心里重复默念“放松”的方式来疏解自己的情绪。 **（3）自我审视** 当有不良情绪时，能通过自我审视的方式，将不良情绪赶走，如感到忌妒的时候，提醒自己“我也有很棒的地方”。 **（4）勇敢面对** 当有不良情绪时，能通过调整心态，勇敢面对现实的方式，将不良情绪赶走，如感到沮丧的时候，接受现实，勇敢改变。 **（5）坦然接受** 当有不良情绪时，能通过坦然接受自己的不良情绪的方式，减轻不良情绪带来的危害，如感到紧张的时候，告诉自己“我有点紧张，但没什么要紧，大家都会紧张”。	**（1）训练准备** ① 自备材料：有关自我提醒、自我审视、勇敢面对调节情绪的相关视频等。 ② 推荐设备：自闭与多动障碍干预仪—情绪干预—情绪自我调节，行为干预—社会交往—早期社会交往—你会不断去尝试吗？/你能勇敢应对吗？（食药监办械管〔2015〕104号） **（2）训练方法** 通过自我提醒、默念“放松”、自我审视、勇敢面对和坦然接受的方式帮助康复对象缓解和消除不良情绪。
行为管理——发展性行为	家庭	1. 生活技能	解决康复对象家居生活技能不足的问题，如不会处理食物、不会搭配服饰、不会清洁衣物等。帮助康复对象发展出日常家居生活的常见技能，提高生活的品质。如厨房料理、服饰选择、个人修饰、衣物清洁、电器使用等。 **（1）厨房料理** 掌握家庭内常见食物的简单处理和烹饪方法。 **（2）服饰选择** 能根据性别、天气和出席场合正确地选择服饰。 **（3）个人修饰** 能根据自己的喜好与场合恰当地自我修饰和搭配。 **（4）衣物清洁** 能简单清洁衣物。 **（5）电器使用** 掌握常见家用电器的使用方法。	**（1）训练准备** 自备材料：问题行为的相关图片或视频、正确行为示范视频、活动操作流程图、家居生活主题绘本等。 **（2）训练方法** 采用多媒体教学法、塑造法、示范法、脚本法、情境教学法等，塑造康复对象家庭生活技能方面的发展性行为。 **（3）干预策略** 通过观察、访谈等方法，筛查和评估康复对象在家庭生活技能方面所出现的发展性行为问题。 针对问题行为应采用功能性行为分析的方法实施干预。如小虎（男生）总穿妹妹裙子的原因是不会根据性别选择服饰，则应先将小虎和妹妹的衣服分开摆放，教会小虎选择跟自己性别相匹配的衣服，强化小虎正确选择适合自己服饰的行为，来帮助其巩固根据性别选择服饰的行为。

续表

康复训练项目			康复目标与内容	康复训练建议
行为管理——发展性行为	家庭	2. 人际互动	解决康复对象在家庭生活中人际互动技能不足的问题，如缺乏向家人问候、表达方式单一、面对客人不知所措等。帮助康复对象提高人际互动的能力，如家庭问候、招呼客人等。 **（1）家庭问候** 能掌握家庭成员间的日常问候方式以及根据节假日向长辈祝福。 **（2）招呼客人** 掌握简单的待人接客技能。	**（1）训练准备** ① 自备材料：问题行为的相关图片或视频、正确行为示范视频、人际互动主题绘本等。 ② 推荐设备：自闭与多动障碍干预仪—行为干预—社会交往—早期社会交往—你会使用礼貌用语吗?（食药监办械管〔2015〕104 号） **（2）训练方法** 采用多媒体教学法、强化法、示范法、脚本法、情境教学法、塑造法等，塑造康复对象家庭人际互动方面的发展性行为。 **（3）干预策略** 通过观察、访谈等方法，筛查和评估康复对象在家庭人际互动方面所出现的发展性行为问题。 针对问题行为应采用功能性行为分析的方法实施干预，如贝贝总是对家人很冷漠的原因是不知道该如何向家人表达问候，则应教会贝贝如何向家人表达问候，强化贝贝向家人问候的行为。

康复训练项目			康复目标与内容	康复训练建议
行为管理——发展性行为	家庭	3. 娱乐活动	解决康复对象休闲技能欠缺的问题，如休闲活动单一、休闲内容简单等。帮助康复对象发展出多种休闲技能，提升休闲活动的品质，如体育技能、音乐技能、美劳技能等。 **（1）体育技能** 具备参与简单体育运动项目的能力。 **（2）音乐技能** 具备演奏简单乐器和演唱简单歌曲的技能。 **（3）美劳技能** 具备开展简单美劳活动的技能。	**（1）训练准备** 自备材料：问题行为的相关图片或视频、正确行为示范视频、休闲活动主题绘本、体育运动器材、乐器、美劳工具。 **（2）训练方法** 采用强化法、游戏互动法、多媒体教学法、示范法、脚本法等，塑造康复对象家庭娱乐活动方面的发展性行为。 **（3）干预策略** 通过观察、访谈等方法，筛查和评估康复对象在家庭娱乐活动方面所出现的发展性行为问题。 针对问题行为应采用功能性行为分析的方法实施干预，如贝贝只玩彩虹环的原因是不知道该怎么丰富自己的娱乐技能，应教会贝贝多种娱乐活动技能，强化贝贝其他技能的习得，以此来干预其休闲活动单一的行为。
	学校	1. 合作行为	解决康复对象校内配合能力低下的问题，如不按时完成作业、不遵守活动规则等。帮助康复对象发展出学校生活的合作能力，提高学习效率，如教学合作、活动合作等。 **（1）教学合作** 能遵守教学规则，完成学习任务。 **（2）活动合作** 能遵守活动规则，完成活动任务。	**（1）训练准备** 自备材料：问题行为的相关图片或视频、正确行为示范视频、合作儿歌、学校学习主题绘本等。 **（2）训练方法** 采用多媒体教学法、强化法、示范法、脚本法、刺激促进法等，塑造康复对象在学校合作行为方面的发展性行为。 **（3）干预策略** 通过观察、访谈等方法，筛查和评估康复对象在学校合作行为方面所出现的发展性行为问题。 针对问题行为应采用功能性行为分析的方法实施干预，如小虎不按时交作业的原因是作业量太大，应根据小虎的能力适当减少作业量，当其能够按时交作业时，则给予强化，经过多次干预之后可以解决其不按时交作业的问题。

续表

康复训练项目			康复目标与内容	康复训练建议
行为管理——发展性行为	学校	2. 人际交往	解决康复对象人际互动技巧和交往礼仪缺乏的问题，如不会分享、不会等待、不会轮替等。帮助康复对象发展出适当的互动方式，提升人际互动的能力，扩大互动范围，如师生互动、同伴互动等。 **（1）师生互动** 掌握与教师互动交往的礼仪和恰当方式。 **（2）同伴互动** 掌握与同伴互动的礼仪和恰当方式。	**（1）训练准备** ① 自备材料：问题行为的相关图片或视频、正确行为示范视频、人际交往主题绘本等。 ② 推荐设备：自闭与多动障碍干预仪—行为干预—社会交往—早期社会交往—你能成为别人的好朋友吗？/ 你会使用礼貌用语吗？/ 你会和朋友交谈吗？/ 你会用眼睛倾听吗？/ 你会和别人一起分享吗？（食药监办械管〔2015〕104 号） **（2）训练方法** 采用游戏互动法、示范法、脚本法、强化法等，塑造康复对象学校人际交往方面的发展性行为。 **（3）干预策略** 通过观察、访谈等方法，筛查和评估康复对象在学校人际交往中所出现的发展性行为问题。 针对问题行为应采用功能性行为分析的方法实施干预，如小虎不会分享的原因是其缺乏分享的意识，应通过分享意识的培养，强化小虎分享的行为，经过多次干预之后可以解决其不会分享的问题。

续表

康复训练项目			康复目标与内容	康复训练建议
行为管理——发展性行为	学校	3. 学校礼仪	解决康复对象仪式活动的参与意识与规则意识缺乏的问题，如升国旗活动中大声喧哗、参加纪念活动时肆意嬉笑等。帮助康复对象习得出席多种仪式活动的礼仪知识与技能，如集会礼仪、活动礼仪等。 （1）**集会礼仪** 掌握各种校内集会的常规礼仪。 （2）**活动礼仪** 掌握各种户外活动的常规礼仪。	（1）**训练准备** ① 自备材料：问题行为的相关图片或视频、正确行为示范视频、礼仪流程图卡、礼仪儿歌、礼仪主题绘本等。 ② 推荐设备：自闭与多动障碍干预仪—行为干预—社会交往—早期社会交往—你讲礼貌吗？（食药监办械管〔2015〕104 号） （2）**训练方法** 采用多媒体教学法、示范法、脚本法、区别强化法、代币法等，塑造康复对象在学校礼仪方面的发展性行为。 （3）**干预策略** 通过观察、访谈等方法，筛查和评估康复对象在学校礼仪方面所出现的发展性行为问题。 针对问题行为应采用功能性行为分析的方法实施干预，如小虎在“班会中大声喧哗”的原因是他想引起老师和同学的注意，则在班会上老师和同学应该无视他的问题行为，多次干预之后，小虎就不会在班会中大声喧哗了。

续表

康复训练项目			康复目标与内容	康复训练建议
行为管理——发展性行为	公共场所	1. 规则遵守	解决康复对象使用公共服务规则意识缺乏的问题，如乱闯红绿灯、横穿马路、购物不付钱就先使用商品等。帮助康复对象遵守公共场所的规则，提高社区适应的能力。 **（1）交通规则** 掌握和遵守交通规则。 **（2）购物规则** 掌握和遵守购物规则。	**（1）训练准备** ① 自备材料：问题行为的相关图片或视频、正确行为示范视频、规则儿歌、规则主题绘本等。 ② 推荐材料：虚拟现实社会适应训练—马路篇/购物篇。 **（2）训练方法** 采用多媒体教学法、示范法、脚本法等塑造康复对象规则遵守的良好行为。 **（3）干预策略** 通过观察、访谈等方式对康复对象存在的行为问题进行筛查与评估。 针对问题行为应采用功能性行为分析的方法实施干预，如小虎横穿马路问题的原因是不懂得过马路的规则，则应通过加强过马路规则的教育，强化小虎正确的过马路行为。

续表

康复训练项目			康复目标与内容	康复训练建议
行为管理——发展性行为	公共场所	2. 场所使用	解决康复对象公共服务场所与公共服务设施使用知识与技能缺乏的问题，如不会在超市购物、不会乘坐公交车等。帮助康复对象发展出使用多种公共服务的能力，以提升生活的品质，如生活服务、文体娱乐、公共服务、交通服务等。 **（1）生活服务** 掌握常用生活场所的使用知识与技能。 **（2）文体娱乐** 掌握常用文体娱乐场所的使用知识与技能。 **（3）公共服务** 掌握常用公共服务场所的使用知识与技能。 **（4）交通服务** 掌握常用交通服务工具的使用知识与技能。	**（1）训练准备** ① 自备材料：问题行为的相关图片或视频、正确行为示范视频、活动操作流程图、公共场所使用主题绘本等。 ② 推荐材料：虚拟现实社会适应训练—乘车篇 / 游乐篇 / 运动篇 / 购物篇。 **（2）训练方法** 采用多媒体教学法、情境教学法、强化法、示范法、脚本法等塑造康复对象良好的场所使用技能。 **（3）干预策略** 通过观察、访谈等方式对康复对象存在的行为问题进行筛查与评估。 针对问题行为应采用功能性行为分析的方法实施干预，如小虎不去超市的原因是不知该如何在超市购物，则应教其在超市购物的方法，模拟超市购物的场景并让小虎亲自体验，强化小虎正确的在超市购物的行为，以此来帮助小虎学会在超市购物。

五、课程实施建议

（一）康复训练建议

1. 情绪康复训练建议

（1）康复训练目标明确清晰

每一项康复训练的目标要明确、清晰，每次教学不宜有过多的目标。康复治疗师应根据训练目标细化学习内容，针对康复对象的情况合理安排学习顺序。

（2）康复训练注重规范化操作，过程循序渐进

在情绪康复训练的实践中，根据康复对象的情绪发展水平，形成规范化的操作流程（见图 5-1）。“常规评估”是在正式进入训练之前首先对康复对象进行情绪能力的评估，以了解康复对象现在所处的发展阶段。“前测”是在个训之前，评估康复对象对个训内容的掌握情况，用来和训练后的情况做对比，从而检验本次个训的效果。“初级训练”主要内容包括基本情绪的识别、表达以及基本调控策略的学习，其目的在于让康复对象掌握基本的情绪认知能力，保障基本的生活可以顺利进行。“初级训练”的内容包括识别和表达高兴、生气、难过、害怕 4 种基本情绪以及学习外部（动感视频、可视音乐启蒙篇）和内部（初级生理调节和初级行为调节）的基本调控策略，可参见“附录 1　识别高兴干预流程”。“高级训练”主要内容包括复杂情绪的识别、表达、情绪的理解以及高级调控策略的学习，其目的在于让康复对象掌握更高级的情绪认知能力，以提高康复对象的生活、学习和社会交往的质量。“高级训练”的内容包括识别和表达惊讶、讨厌以及其他复杂情绪、情绪理解中的情绪推理和归因推理，以及学习外部（放松训练、可视音乐基础篇和提高篇）和内部（高级生理调节和高级行为调节）的基本调控策略。

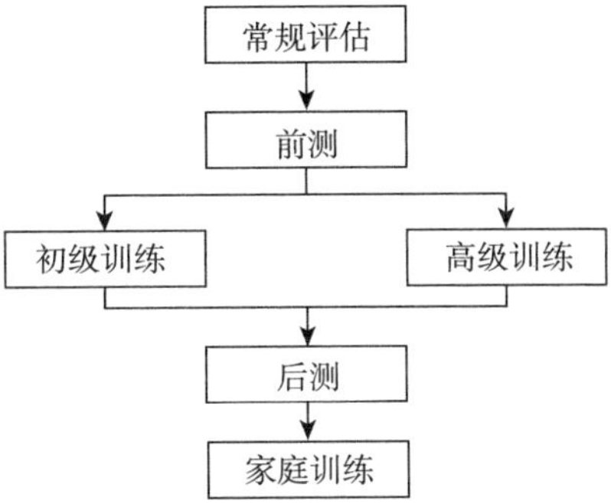

图 5-1　情绪康复训练流程

（3）康复训练形式灵活多样

情绪康复训练常见的组织形式有三种：集体康复训练、小组康复训练和个别化康复训练。集体康复训练是在儿童数量较多、儿童之间差异性较小时使用的康复形式，人数一般不低于 15 人，要求儿童和家长共同参与，每课时为 30—40 分钟。小组康复形式中高级康复治疗师将训练内容多点分配，通过康复设备对训练过程实时监控，初级康复治疗师实施一对一的康复训练，是一种高效的一对多的康复训练模式。在常规的康复训练之外，康复治疗师可借助康复云平台，以处方作业的形式，指导家长进行家庭康复训练。在受到时间、地域等因素限制的情况下还可依托互联网进行智慧康复，以远程指导的组织形式，由康复师通过网络进行儿童情绪能力的评估，指导家长进行康复训练。

情绪训练教学内容的选择可根据教学目标、康复对象的年龄特点、康复对象的爱好、当时当地环境等进行确定，内容的呈现形式要多样化，可采用真人演示、视频情景模拟、图片示范、录音播放等形式，以增加课堂的趣味性，吸引康复对象的注意，维持康复对象的兴趣。

情绪训练的教学方法也是多种多样的，康复教师可根据具体的情况，采用小组合作、讲授、角色扮演、主题活动等方法，调动康复对象的积极性，增加课堂的互动，营造快乐学习的氛围。

情绪训练的安排可以根据实际情况进行灵活调整，可以就班级最近经历的情绪事件、正在发生的校园热点、某同学的情绪变动等开展相关情绪模块的主题教学，这种贴近康复对象生活，紧密联系实际的教学，能让康复对象学有所用，并快速、牢固地掌握所学知识。

（4）康复训练材料丰富有趣

情绪康复训练可供选择的素材很多，如情绪与行为干预仪（情绪识别、情绪表达、情绪理解、情绪调节等），康复云平台中的可视音乐、情绪调节定制等。

情绪与行为干预仪包含情绪行为筛查问卷、情绪识别、情绪表达、情绪理解等情绪相关的康复训练。情绪识别、表达涉及基本情绪（高兴、生气、害怕和难过）和复杂情绪（惊讶、讨厌等）的康复训练，并且对每一个情绪的识别和表达，都按照梯度来设置训练的步骤和适合的训练形式，以便康复对象更好地进行训练，比如识别高兴，按照感知高兴、体验高兴和识别高兴三个步骤来进行康复训练。情绪理解包括情景推理和归因推理两大部分，采用大量的情景资源，康复对象可根据情景来推断场景中自己和他人的情绪状态以及根据他人的情绪状态来选择合适的场景。情绪调节包括可视音乐、动感视频、放松训练、情绪调节定制以及情绪调控策略等。动感视频通过包含不同颜色、运动速度和深度变化的视频内容给康复对象带来一定的视觉影响，同时结合不同情绪性质的音乐给康复对象带来的听觉影响，诱发个体一定的生理反应，从而导向不同的情绪状态。另外，根据儿童的喜好，设计了4种不同风格类型的动感视频，康复训练时可根据康复对象的个体喜好，选择其偏好的主题风格。放松训练包括呼吸训练、肌肉放松和冥想放松，将心理放松技术和生物反馈技术相结合，可以达到调节情绪的目的。

可视音乐包括启蒙篇（童趣篇）、基础篇（动漫篇）和提高篇（频谱篇）。启蒙篇采用获批的图片或动画素材，唤起康复对象对现实世界的美好感受；基础篇采用结合艺术手法的动画素材，诱导康复对象对现实世界的正确认识；提高篇采用具有频谱画面效果的自然风光素材，激发康复对象对现实世界的理性思维。

情绪调节定制可针对康复对象的情绪问题进行个性化方案定制，康复师或家长根据康复对象一周内的情绪表现填写问卷，康复定制系统整合问卷结果并推送情绪调节的资源，康复师或家长登录康复云客户端查看和使用情绪调节的定制内容，进行个性化康复训练。

2. 行为训练建议

（1）良好行为

康复师/康复教师要通过组织有效的训练活动让康复对象掌握家庭、学校、公共场所中所需要的适应性和发展性行为，这是康复对象适应家庭、学校生活，进行良好的人际互动以及适应公共场所的环境并遵守其规则的基础。改变康复对象的不良行为，首先要着重对康复对象的良好行为进行正面引导。康复师/康复教师通过各种形式的训练活动和训练方法帮助康复对象掌握行为规则，分辨良好或错误行为的具体表现，是本课程的重要康复目标。

康复师/康复教师可根据本课程的目标以及康复对象行为表现的特殊情况，选择并确定良好行为训练的内容。对于训练项目中的目标与内容，康复师/康复教师应采用符合康复对象年龄及能力特点的语言进行描述，这样方便康复对象更好地获取知识。

良好行为的训练要着重让康复对象习得良好的行为，纠正错误的行为。通过强化、惩罚等方法让康复对象巩固所习得的良好行为。康复师/康复教师要充分利用各种资源，如良好行为和错误行为的视频、图片、绘本等，对良好行为的要求进行说明讲解，对错误行为进行分析，指出不良之处；训练中要充分利用生活中的素材，将康复对象在学校、家庭、公共场所所表现出来的真实问题作为教学材料，促进康复对象理解正确行为，并促进他们在日常生活中更好地表现出相应的良好行为，遵守相应的行为规则。

良好行为的训练效果体现在康复对象能够在家庭、学校、公共场所中表现出良好的行为，并能遵守不同场所的规则。康复师/康复教师除了课堂讲解外，应通过脚本法进行真实场景的模拟，让康复对象在模拟的场景中习得和掌握良好行为。对于康复对象表现出来的良好行为，康复师/康复教师要通过鼓励、表扬等强化方法促进康复对象更好地将其内化为自己的行为习惯。对于错误的行为，康复师/康复教师应通过耐心引导、辅助等方式帮助康复对象纠正，引导其表现出良好行为。对于残联和特殊学校，行为训练课程的主讲教师应与其他相关课程教师一起制定相关政策，共同促进康复对象在学校生活过程中掌握相关良好行为的规则，并采取一致的策略处理康复对象的良好行为和错误行为。

在良好行为的训练过程中应体现个别化教育原则。可根据不同康复对象的特点和表现出的不同行为略做调整，对不同康复对象掌握良好行为的规则的要求也可有所变化。对于一些能力受限制或者生理存在特殊情况的康复对象，康复教师要考虑他们的训练需要，对他们的良好行为要达到的水平以及相应的训练活动组织形式进行调整。

（2）问题行为

康复对象存在的问题行为虽有一定的共性，但个体差异较大，应具体问题具体分析，因材施教。

① 问题行为干预的流程

实施问题行为的干预应遵循六个环节：第一，对康复对象表现出来的问题行为进行评估，确认是否有进行干预的必要；第二，对需要干预的问题行为进行功能性的行为分析，确认问题行为产生的前因后果，明晰问题行为的功能；第三，制定有针对性的干预计划，做到目标明确、步骤清晰、措施有效、保障有力；第四，实施行为干预计划，按照计划实施针对问题行为的干预并培养良好行为；第五，监控行为干预全程，及时修订和调整干预计划，确保干预目标的达成；第六，结束行为干预，对康复对象实施常规的教育教学。具体流程如图 5-2 所示：

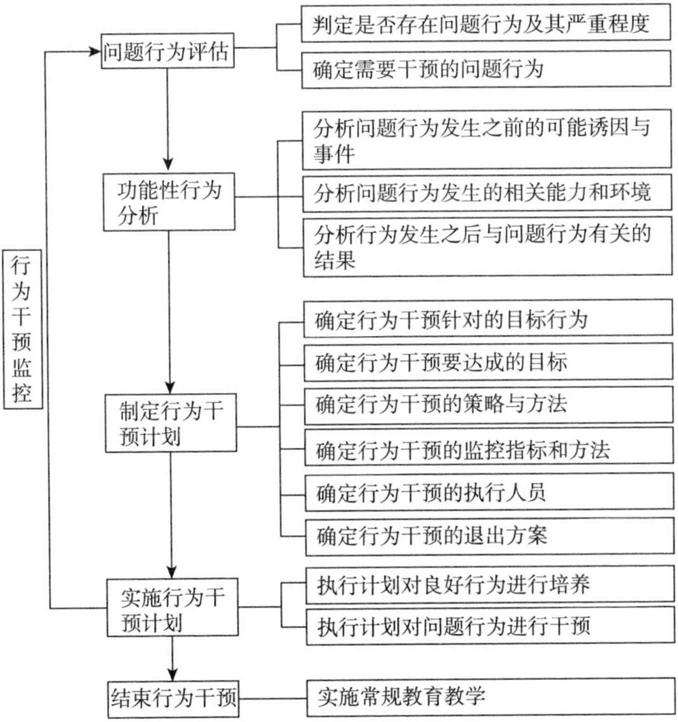

图 5-2　问题行为干预流程图

② 问题行为干预的注意事项

在开展康复对象问题行为干预的过程中，应注意以下事项。

第一，重视对问题行为进行功能性分析。

康复对象的个体差异较大，通过对问题行为的功能性行为分析，能够准确把握康复对象问题行为的动力因和行为的目的因。行为心理学非常强调分析事件的前因（Antecedent）、行为（Behavior）、结果（Consequence）及三者之间的关联，即行为的 ABC 分析。针对问题行为的干预可以将调控前因、改变行为结果、教导适应性行为或替代性行为作为指导思想。具体如图 5-3 所示：

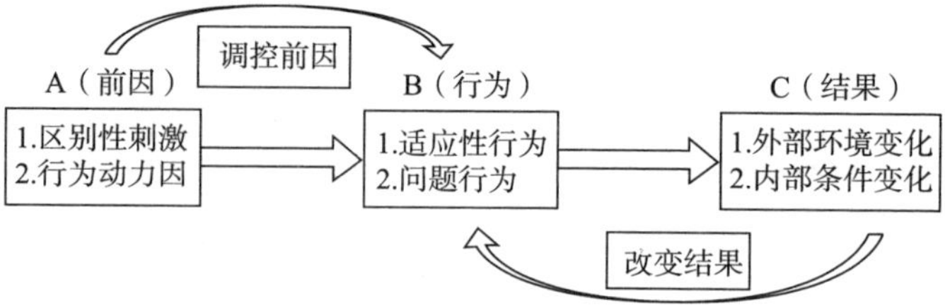

图 5-3　行为的 ABC 分析图

第二，灵活运用行为干预的方法。

常用的行为干预方法有强化法、惩罚法、塑造法、渐隐法、消退法、刺激促进法、链锁法、代币法、系统脱敏法、认知行为干预法等。

第三，重视对康复对象行为干预的一致性。

强调多场景（活动中、学校里、家庭中）的干预合作，确保干预观点、干预策略、干预方法的一致性。

第四，重视问题行为的预防。

充分重视调整康复对象学习与生活的环境，减少问题行为发生的诱因，创造更多条件诱发良好行为的出现。

第五，重视促进康复对象综合能力的发展。

康复对象问题行为的产生除了行为的前因与后果之外，在很大程度上与康复对象相关能力的缺乏和不足是密切相关的，应重视通过习得良好行为来促进康复对象综合能力的发展，减少或消除问题行为的产生。

（二）康复评价建议

1. 康复评价的目的和意义

评价是情绪行为康复训练课程实施中的重要一环。情绪行为训练课程的评价包括情绪能力、良好行为以及问题行为的干预评价。评价过程中应注重前期评估、发展性评价以及终结性评价。

对良好行为的训练评价应以康复对象在真实场景中是否表现出所要求的良好行为为标准。开展前期评估的目的在于了解康复对象情绪认知的能力、良好行为以及问题行为的表现情况，针对康复对象的实际情况，制定出有效的个性化康复方案。在训练过程中进行发展性评价。发展性评价有助于康复师/康复教师在训练过程中根据康复对象的情绪行为康复表现及时修改或重新制定相应的康复计划。终结性评价有助于分析一个阶段所取得的干预举措是否有效，并为康复师/康复教师制定下一阶段情绪行为的康复目标和干预举措提供反馈信息。

2. 康复评价的注意事项

对个别康复对象情绪行为干预的评价，应强调相对评价，以前期评估中康复对象的情绪或行为表现为基线确定情绪或行为干预的目标，并对其目标达成状况进行评价；应重视过程中的动态评价，做好干预过程中情绪或行为的观察记录工作，有效监控康复对象的情绪或行为变化，及时调整情绪或行为干预计划；应采用多样化的评价方法，有效收集来自家长、康复师/康复教师等对康复对象情绪行为表现的意见，结合情绪行为观察结果，确定情绪或行为干预计划的实施效果。

（三）保障课程实施的建议

1. 康复师资配备

医院、残联、民政、康复中心和特殊教育学校应配备经过专业训练的情绪行为康复师/康复教师（初级及以上），担任情绪行为康复训练任务，也可以聘请相关专业人士，指导康复师/康复教师开展康复工作。其次，为保证对康复对象情绪行为能力进行科学评估并进行有效训练，每个医院、残联、民政、康复中心和特殊教育学校应至少有 1—2 名具有评估资质的康复师/康复教师（中级及以上）。

2. 康复资源开发利用

积极开发并合理利用校内外各种康复资源。充分发挥医院、康复中心和特殊教育学校各类教学设施和实践基地的作用，广泛利用各种互联网资源（如康复云平台），积极使用并开发情绪行为康复资源，丰富训练内容，有利于康复对象对康复内容的理解和康复对象自身的发展。

3. 家长资源利用

情绪行为课程的实施要重视康复师/康复教师与家长的合作。康复对象在医院、残联、民政、康复中心以及特殊教育学校里表现出来的情绪行为问题也可能表现在家庭环境中。不管是对康复对象开展情绪行为评估还是进行情绪行为干预，康复师/康复教师都应积极寻求父母等家庭成员的支持，共同开展康复对象情绪行为问题的干预工作。在与家庭的合作中，康复师/康复教师要理解和尊重家长，尽可能避免误会，并能按照家庭本身的能力指导家长开展孩子情绪行为的干预工作，包括情绪能力的培养、良好行为的引导以及问题行为的矫正。

4. 管理机制

医院、残联、民政、康复中心和特殊教育学校要对每位康复对象做好资料保存，档案归放的工作，包括康复对象基本信息、初评结果、情绪行为康复训练记录和过程性评估、阶段性评估等重要信息。规范康复对象档案创建和使用，也可和电子档案相结合，方便提取和查找。医院、残联、民政、康复中心和特殊教育学校还应制订情绪行为康复计划，明确情绪行为康复工作目标，保证医院、残联、民政、康复中心和特殊教育学校康复工作有计划、有步骤、有条不紊地进行。

组织康复师/康复教师开展针对康复对象情绪行为个别化康复训练的方案研讨、训练示范，及时总结经验，不断提高康复师/康复教师康复训练技能，保证康复对象接受高质量的康复训练。

附录 1　识别高兴干预流程

情绪干预的个别化训练康复团队由 1 名成熟康复师（中级或高级康复师）、1 名新手康复师（或实习生）和康复对象家长组成，共同合作对儿童进行情绪干预。成熟康复师主导评估和训练，新手康复师（或实习生）负责配合成熟康复师完成具体的操作，家长负责按照康复师的要求完成家庭康复作业。

（一）常规评估

经综合筛查显示儿童存在情绪方面的问题，进一步进行情绪障碍常规评估，明确儿童在情绪理解、情绪表达和情绪调节方面存在的问题。为了及时调整康复方案，跟进训练，建议常规评估每月进行一次，也可以根据儿童实际训练情况调整间隔时间。

常规评估使用《情绪障碍常规评估表》，评估表从三个方面对儿童的情绪状态进行考察，即人际关系、情绪和其他。

完成常规评估后，分析评估结果并制订训练计划。建议当前训练模块正确率达到 80% 时，可以对儿童进行下一模块的训练。康复师也可根据儿童情绪能力发展的实际情况选择训练的模块。

如下为一名儿童情绪方面问题的筛查结果，见表 1。

表 1　×× 儿童情绪障碍常规评估表

分测验	项目	选项				
		从来不	几乎不	有时	经常	总是
人际关系	1. 和父母经常有拥抱 / 牵手等身体接触		√			
	2. 当有事情发生或者身体不适时，会向父母寻求帮助和安慰		√			

续表

分测验	项目	选项				
		从来不	几乎不	有时	经常	总是
人际关系	3. 遭受同伴排挤，被别人议论或愚弄	√				
	4. 能够在与同伴的互动游戏中（如过家家等）担任一定的角色，合作完成游戏	√				
	5. 同多个老师发生过冲突	√				
	6. 同老师的互动很少，对老师的要求不予理睬			√		
情绪	7. 能够察觉身边人的情绪（当身边人生气或高兴时，会有不同的行为表现）			√		
	8. 能够表现出复杂情绪，如内疚、骄傲、沮丧、同情等（如给别人造成伤害时，儿童表现出不安与难过）	√				
	9. 当身边人表现出某种情绪时，能够根据明显的线索推测出什么原因引起了该情绪（如知道身边人为什么生气或高兴）	√				
	10. 能够根据情境推测出会引发的情绪（如把家里弄脏后，知道妈妈会生气）		√			
	11. 能通过面部表情、身体姿态和语调表达自己的情绪			√		
	12. 能通过语言词汇明确表达自己的情绪（包括口语和手语）			√		
	13. 能调整情绪表达的方式与强度，使之符合相应的场合（如在街上生气时，能适当控制自己，不会大喊大叫）		√			
	14. 能根据他人的情绪而调整自己的行为（如他人伤心时，会去安慰；他人高兴了，也会感到高兴等）			√		
	15. 容易激惹，发脾气，易哭闹			√		
	16. 过于担心学业失败或者交友遭到拒绝	√				
	17. 害怕某些动物、情境、地方、物品等，以致影响正常生活			√		
	18. 对活动和学习没有兴趣，无精打采，难以完成活动或学习任务				√	
	19. 害怕批评，自我评价低	√				
	20. 有自杀的想法、语言或行为	√				

续表

分测验	项　目	选　项				
		从来不	几乎不	有时	经常	总是
情绪	21. 食欲不振，睡眠少或睡眠质量差			√		
	22. 和陌生人（包括同辈）交往时不自在，有焦虑感，存在社交回避行为				√	
	23. 在学校等某些场合缄默不语或声音非常低，但在其他场合言语正常	√				
	24. 与人互动时，有眼神接触				√	
	25. 关注周围的人和事		√			
	26. 喜欢独处，不与其他儿童相处			√		
	27. 难以控制自己的情绪，兴奋起来或者哭起来就会持续很久				√	
	28. 无缘由地情绪波动大，喜怒无常			√		
其他	29. 易感到疲劳，有肌肉紧张感	√				
	30. 会不明原因地感到身体不适，如恶心、身体疼痛、呼吸困难等	√				
	31. 有排泄问题，如遗尿或遗便			√		
	32. 有饮食问题，如厌食、暴饮暴食、过度偏食、吃不可吃的食物、自我催吐等	√				

1. 结果分析：该康复对象在情绪识别、情绪理解、情绪表达以及情绪调控等方面都存在障碍，这严重影响该患者正常的生活、学习和社会交往的质量，亟须对其进行情绪干预训练。

2. 建议：① 利用情绪与行为干预仪中的情绪识别、情绪表达、情绪理解和情绪内部调控部分进行情绪认知能力的干预。② 结合相关康复学习软件中的可视音乐干预和情绪调节定制系统以及情绪与行为干预仪中的动感视频进行情绪外部调节。

（二）前测

以利用某公司的情绪与行为干预仪进行训练的情况为例。康复师从识别高兴模块挑选出 3 个题目，对康复对象进行前测，并记录。

按照“情绪干预—情绪识别—识别高兴”的路径，打开识别高兴模块的题目，选择 3 个题目对康复对象进行测试，测试结果如图 1 至图 3 所示：

图 1 “识别高兴”前测结果（一）

图 2 “识别高兴”前测结果（二）

图 3　“识别高兴”前测结果（三）

表 2　基本情绪识别精准评估表（前测）

日期	训练主题	训练内容	前测（正确率 /%）	后测（正确率 /%）
3 月 6 日	识别高兴	感知高兴	33.3	

（三）训练

1. 教材分析

本节课教材主要为四种基本情绪（高兴、生气、难过、害怕）的图片与视频。本课时为第 1 课，主要让康复对象感知高兴、体验高兴、通过面部表情识别高兴；第 2 课主要让康复对象通过姿态表情识别出高兴；第 3 课主要让康复对象通过言语和语音语调识别出高兴。

2. 学情分析（见表3）

表3 康复对象学情分析

障碍类型及程度	情绪能力现状	相关能力现状
智力发育迟滞中度	专项筛查结果和个人评估显示，康复对象目前不能在所有的场合里都正确识别基本情绪。	言语：有简单的言语，较多用电报句，主动言语少。 认知：有正常感觉知觉，机械记忆能力强。 人际：和较熟悉的人有简单的互动，如扯老师的衣角、走到老师旁边等。

3. 教育康复目标

（1）能感知不同情境下高兴的情绪。

（2）能够体验特定情境下高兴的情绪。

（3）能通过面部表情识别出高兴的情绪。

4. 教育康复重点、难点

（1）重点：能体会不同情境下的高兴情绪；能通过观察人物的外部表现，模仿其高兴的面部表情。

（2）难点：能通过面部表情识别出高兴。

5. 教育康复准备

（1）环境准备：个体教学教室，面积不小于10平方米。

（2）教具准备：反映高兴情绪的真人图片和视频，以及能够引发康复对象高兴情绪的玩具，比如泡泡枪、荧光棒等。

（3）教学设备：情绪行为干预仪，训练路径为情绪干预—情绪识别—识别高兴。

6. 教学过程

（1）兴趣导入。

场景：播放视频《哈哈笑》，引导康复对象一起跟着跳舞和唱歌，营造欢快的气氛。

康复教师（教师和康复对象站成一排，面对电视机）："轩轩（化名），现在我们来跟着视频里的姐姐唱唱歌，跳跳舞，好不好？"

导入部分使用表现高兴情绪的儿歌《哈哈笑》，营造欢快的气氛，引导康复对象跟着唱，做高兴的动作，让其感知高兴的情绪。

（2）教学新授。

第一，观看视频，感知不同情境下的高兴情绪。

① 完整观看多个不同情境下有关高兴的视频，让康复对象感受高兴的情绪。

② 仔细观看每一种情境下的高兴视频，让康复对象观察高兴时的面部表情。

③ 让康复对象描述高兴时的面部表情。

第二，通过“角色扮演”游戏，体会不同情境下的高兴情绪。

再次播放上述的每段视频，让康复对象扮演视频中的角色，体会高兴情绪。比如，播放视频《小虎吃鸡腿很高兴》，然后给康复对象发一个鸡腿模型，让其模仿小虎，体会高兴的情绪。在扮演完成之后，询问康复对象：“吃鸡腿时，你感到怎么样？”若康复对象不能回答出“高兴”，则给出提示。

第三，通过“表情配对”游戏，识别出高兴的面部表情。

实习生模仿视频中的表情（如小虎吃鸡腿高兴的表情），康复对象从已有的表情图片（高兴、难过、害怕和生气）中，选出与模仿者一致的表情图片。然后互换，康复对象模仿，实习生选表情图片。

（四）后测

一次情绪干预结束后，康复师对康复对象进行情绪干预后测并记录，测验使用的题目与前测题目一致。

图 4 “识别高兴”后测结果（一）

图 5 “识别高兴”后测结果（二）

图 6 “识别高兴”后测结果（三）

表 4　基本情绪识别精准评估表（后测）

日期	训练主题	训练内容	前测（正确率 /%）	后测（正确率 /%）
3 月 6 日	识别高兴	感知高兴	33.3	100

1. 感知高兴训练结果评价：康复对象感知不同情境下的高兴情绪及其表现特征的正确率从 33.3% 提高到 100%，说明其感知高兴的能力逐渐提升。
2. 建议：康复对象需要长时间才能找出情绪线索，反应慢，识别高兴的能力还无法完全掌握，建议在下次个别化康复训练中继续进行识别高兴的训练，直至康复对象可从多种表情中可以快速地识别出高兴。

（五）家庭训练

康复师根据后测结果开出家庭康复处方作业。家长根据处方作业内容，对康复对象进行康复训练。

第二天训练开始前家长将康复训练结果反馈给康复师，康复师结合上次康复训练后测结果和家庭康复训练结果决定本次课的前测内容和训练内容。循环往复。

生活拓展指引

1. 给康复对象营造欢乐的氛围，比如带其去游乐园、与其一起玩游戏等，让康复对象在不同的情境下体验高兴。

2. 家长拍一些康复对象的照片（高兴、难过、生气、害怕），然后让康复对象从中识别出高兴的照片。

3. 家长拍一些他人（爸爸、妈妈等）的照片（高兴、难过、生气、害怕），然后让康复对象从中识别出他人高兴的照片。

附录 2　规则适应不良的行为干预

（一）基本信息

小明，7 岁，男，就读于 ×× 培智学校一年级。父母离异，主要由爷爷奶奶照管。其韦克斯勒智力测验的言语得分、操作得分、总分均低于 40 分；社会适应量表评估结果为严重滞后；儿童自闭症评量量表测验得分为 20 分，排除了自闭症；听力检测结果为正常。教师反映小明上课时经常随意离开座位，若强行干预会导致其出现激烈的情绪反应，严重影响其他同学的学习和教师的课堂教学。

（二）行为评估

根据教师反映的情况，采用访谈法和行为观察法对小明上课时随意离开座位的行为进行了评估。

1. 访谈法

首先对小明的班主任和任课教师进行了访谈，了解小明上课随意离开座位的具体表现及其对自己和其他师生产生的影响。通过访谈发现，小明上课随意离开座位后会有在教室随意跑动、抢拿其他同学的物品、抢拿教师的教具等行为。小明的这些行为表现影响了日常的课堂教学，也导致班级同伴关系的恶化，其他同学家长的意见也比较大。教师们都认为小明随意离开座位的行为导致其他同学无法认真听讲，他自己也无法获得学习进步。因此，亟须对小明进行行为的干预。

2. 观察法

在教师访谈的基础之上，决定连续 3 天对小明的课堂行为表现进行观察。重点观察其课堂上随意离开座位后的行为，如在教室跑动、抢拿同学的物品、抢拿教师的教具等，并制定了课堂行为观察记录表，对小明一天中在课堂上离开座位的行为进行记录。

表 1　小明某一天行为记录

姓名：小明	班级：一年级	观察者：× 教师	观察地点：教室	
目标行为：上课时未经允许离开座位超过 5 秒钟				
日期	时间	课程内容	行为发生次数	具体行为表现
4 月 8 日	9:20—9:55	语文课	5	离开座位
4 月 8 日	10:05—10:40	数学课	12	离开座位在教室跑动
4 月 8 日	10:55—11:30	音乐课	14	离开座位抢教师和同学的乐器
4 月 8 日	12:40—13:15	午休	0	睡着了
4 月 8 日	13:25—14:00	数学课	14	离开座位在教室跑动
4 月 8 日	14:15—14:50	美术课	16	离开座位抢教师的教具，抢同学的水彩笔

根据连续 3 天的观察，发现小明在数学课、美术课、音乐课上随意离开座位的现象尤为严重，每节课平均发生 14 次；在班主任老师的语文课上也有随意离开座位的现象，但发生频次相对较少，每节课平均发生 5 次。

（三）问题行为的功能性分析

运用 ABC 观察表对小明的问题行为进行了观察，以分析这一问题行为与前因、结果之间的关联。表 2 为其中 5 天的问题行为记录及功能分析。

表2　4月10日—4月14日小明的问题行为记录及功能分析

姓名：小明	班级：一年级		观察者：×教师		观察地点：教师
目标行为：上课时未经允许离开座位超过5秒钟					
日期	时间	前因（A）	行为（B）	结果（C）	功能
4月10日	9:20—9:55	数学课，老师要求同学们完成10以内的加法任务	离开座位，跑到了教室外（2分钟后回到教室）	教师继续要求其他同学完成任务，没有理会他	逃避数学任务
4月11日	10:55—11:30	上完游戏课回到教室，上课铃刚响，数学老师正准备上课	离开座位，在教室内高兴地跑动（持续了30秒）	其他同学盯着他看，教师没有理会他	发泄兴奋的情绪和精力
4月12日	10:55—11:30	音乐课，老师展示了上课用的手摇铃、拨浪鼓、沙锤等音乐教具	离开座位，跑到讲台处抢了一对沙锤	教师没有理会，让他拿走了沙锤	为了获得沙锤
4月13日	10:55—11:30	美术课，老师让大家用水彩笔给草莓涂色，小明忘记了带水彩笔	离开座位，走到了小刚的课桌前，拿走了一盒水彩笔	小刚向老师报告，老师让小明将水彩笔还给小刚，但允许留下一支红色的水彩笔	为了获得水彩笔
4月14日	9:20—9:55	语文课，班主任老师让同学们自己默读课文	离开座位，在教室后面走了一圈又回到了座位	班主任老师阻止了他，对他进行了批评	逃避任务

为了进一步了解小明产生这类行为的原因，对班主任、任课老师和家长进行了访谈。访谈得知小明没有上过幼儿园，也没有接受过任何康复训练，其生活主要由爷爷奶奶照顾，爸爸忙于工作很少在家，对小明的管教不严。另外，小明精力旺盛，容易兴奋，注意力不集中，容易受干扰，坐下最多能够保持10分钟，只能唱数1—10，数概念较差，识字也不多。

综合访谈及行为观察，对小明离开座位的行为进行了功能性的综合分析。经过分析发现，造成小明随意离开座位的原因有以下几点：

① 家庭缺乏对小明严厉的管教，小明没有上过幼儿园或接受过康复训练，没有养成课堂学习的习惯，课堂规则意识缺乏。

② 精力旺盛，容易兴奋，常常通过跑动来发泄。

③ 数学能力差，面对较难的任务时，常常采取逃避的行为。

④ 注意力保持能力较差，容易受到外界因素的干扰。

⑤ 教师对小明的问题行为采取忽视的做法，强化了小明离开座位的行为。

（四）制订行为干预计划

根据评估的结果及行为原因的综合分析，制订了针对性的干预计划，见表3。

表3 康复对象问题行为的干预计划

康复对象：小明	班级：一年级
问题行为表现及严重性	问题行为表现：课堂上随意离开座位，在教室走动、跑动，离开教室，抢拿教师或同学的物品 问题行为严重性：发生频率较高，平均每节课有10次以上，严重影响了教师的课堂教学和自身的进步
问题行为的功能	1. 负强化功能：逃避作业任务、发泄过剩精力 2. 正强化功能：获得物品
行为干预目标	1. 减少随意离开座位的行为（由每节课的10次，减少到3次以下），直至该行为消除 2. 增加良好行为 （1）向老师表达自己喜欢某种物品。 （2）不会的问题请求老师帮助。
干预措施	针对小明随意离开座位行为的干预方案应当建立在行为功能性分析的基础之上，采用积极的行为矫正方法从前因、后果及良好行为习得三个角度实施。 1. 前因干预措施 （1）环境管控。针对小明容易受到外界刺激干扰的特点，尽量减少干扰刺激的出现，如教师应管理好教具，不应立即全部展现。

续表

康复对象：小明	班级：一年级
干预措施	（2）精力管控。针对小明精力旺盛的情况，应对其设置适当的活动，让其宣泄掉过于旺盛的精力，如感统课上增加跳蹦床等活动。 （3）任务调控。根据小明的能力，设置合理难度与数量的学习任务。 （4）合理逃避。根据小明坐不住的问题，采用合理逃避的方式。大约 10 分钟的时间就让小明离开座位执行老师的一项任务，如帮老师收作业、发作业、发材料等。 2. 结果干预措施 （1）若小明没有出现或较少次数出现随意离开座位的行为，立即对小明进行强化物奖励。 （2）对小明随意离开座位的行为，教师和家长不应忽略，应给予严格的行为要求。 3. 良好行为养成措施 （1）建立课堂常规，遵守课堂规则。通过开展课堂规则的知识教学、同学示范、课堂规则主题绘本教学、课堂规则儿歌教学等多种形式强化课堂规则的意识。 （2）教导适当的替代性行为。例如通过举手的方式获得老师的帮助；遇到难以解决的问题，可以用语言表达，如“我不会，老师帮帮我”。 （3）教导向同学借物品的技能。通过示范、情境模拟等方式教导小明向同学借物品的技能，而不是随意拿走。
行为干预的指标	离开座位的次数、离开座位的时间
干预小组	个案负责人：×××（班主任） 小组成员：全体科任老师及家长
干预退出方案	上课随意离开座位的行为一个月不再发生之后，退出干预方案

（五）实施行为干预计划

根据干预计划在课堂上、活动中、家庭中实施干预，确保小明形成课堂规则的意识，能够很好地管控自己的行为，养成良好的课堂规则行为。

（六）行为干预监控

每天由班主任老师统计科任老师反映的小明课堂行为表现结果，每周三对小明的行为进行全程监控，周一、周五进行抽查监控。监控记录表如下：

表 4 课堂行为表现监控记录表

姓名：小明	班级：一年级	观察者：× 教师	观察地点：教室	
目标行为：上课时未经允许离开座位超过 5 秒钟				
日期	问题行为	是否发生	持续时间	具体行为表现
	离开座位随意走动			
	离开座位随意跑动			
	离开座位走出教室			
	离开座位抢拿物品			

（七）结束行为干预

当小明在课堂上随意离开座位的行为一个月内都不再发生时，结束行为干预，实施常规的教育教学方式。